T. Harv Eker

Os segredos da mente milionária

APRENDA A ENRIQUECER MUDANDO SEUS CONCEITOS SOBRE O DINHEIRO E ADOTANDO OS HÁBITOS DAS PESSOAS BEM-SUCEDIDAS

SEXTANTE

Título original: *Secrets of the millionaire mind*

tradução
Pedro Jorgensen Junior
preparo de originais
Valéria Inez Prest
revisão
Luis Américo Costa
Sérgio Bellinello Soares
Tereza da Rocha
projeto gráfico e diagramação
Valéria Teixeira
capa
Miriam Lerner
impressão e acabamento
Lis Gráfica e Editora Ltda.

CIP-BRASIL. CATALOGAÇÃO-NA-FONTE
SINDICATO NACIONAL DOS EDITORES DE LIVROS, RJ

E37s Eker, T. Harv
Os segredos da mente milionária / T. Harv Eker; tradução Pedro Jorgensen Junior. – Rio de Janeiro: Sextante, 2006.

Tradução de: Secrets of the millionaire mind
ISBN 85-7542-239-1

1. Moedas – Aspectos psicológicos. 2. Milionários – Psicologia. 3. Ricos – Psicologia. 4. Riqueza – Aspectos psicológicos. 5. Capitalistas e financistas – Psicologia. 6. Sucesso nos negócios – Aspectos psicológicos. I. Título.

CDD 332.02401
06-2359. CDU 336.74

GMT Editores Ltda.
Rua Voluntários da Pátria, 45 – Gr. 1.404 – Botafogo
22270-000 – Rio de Janeiro – RJ
Tel.: (21) 2538-4100 – Fax: (21) 2286-9244
E-mail: atendimento@esextante.com.br
www.sextante.com.br

Este livro é dedicado à minha família:
à minha amorosa mulher, Rochelle,
à minha incrível filha, Madison, e ao
meu fantástico filho, Jesse.

Sumário

"Quem é, afinal, T. Harv Eker e por que devo ler este livro?"

As idéias e os conceitos que apresento neste livro não são por si mesmos verdadeiros nem falsos, não estão certos nem errados. Apenas refletem os resultados que obtive em minha carreira e as conquistas que observei na vida de milhares de alunos meus. Creio que, aplicando os princípios que descrevo aqui, você transformará a sua vida. Não se limite a ler este livro. Leve a sério os conceitos e, depois, faça a sua própria experiência com eles. Guarde o que lhe for útil e sinta-se à vontade para descartar o que não for.

No que se refere a dinheiro, este livro talvez seja o mais importante que você terá lido. Sei que essa é uma afirmação ousada, mas acredito que ele contém o elo que faltava entre o desejo e a conquista do sucesso. Como você já deve ter reparado, esses são dois mundos inteiramente diferentes.

É provável que você já tenha lido outros livros, ouvido fitas e CDs, freqüentado cursos e estudado diferentes métodos de como enriquecer com imóveis, ações ou negócios. Mas o que aconteceu? Para a maioria das pessoas, praticamente nada. Depois de um início promissor, tudo voltou a ser como antes.

Mas a resposta existe. Ela é simples, é garantida, e você não vai conseguir driblá-la. Tudo se resume ao seguinte: se o "modelo financeiro" que existe no seu subconsciente não estiver programado para o sucesso, nada que você aprenda, saiba ou faça terá grande importância.

Vou desmistificar o motivo pelo qual algumas pessoas estão fadadas a ser ricas e outras destinadas a uma vida de dureza. Você entenderá as raízes do sucesso, da mediocridade e do fracasso financeiro e começará a mudar para melhor o seu futuro nessa área. Saberá como as influências que recebemos na infância moldam o nosso modelo financeiro e podem nos conduzir a pensamentos e hábitos autodestrutivos. Aprenderá a fazer poderosas declarações que ajudarão a substituir maneiras negativas de pensar por "arquivos de riqueza": você passará a pensar – e a prosperar – como as pessoas ricas. Conhecerá também, passo a passo, estratégias práticas para aumentar a sua renda e construir a sua riqueza.

Na parte 1, explico como cada um de nós está condicionado a pensar e agir nos assuntos financeiros e esboço quatro estratégias-chave para você rever o seu modelo mental de dinheiro. Na parte 2, examino as diferenças entre o modo de pensar das pessoas ricas e da grande maioria das pessoas. Além disso, sugiro 17 atitudes e ações capazes de promover mudanças permanentes na sua vida financeira.

E qual é a minha experiência? De onde venho? Sempre fui bem-sucedido? Quem dera!

Assim como um grande número de pessoas, sempre tive muito "potencial", mas os resultados que conseguia eram poucos. Lia todos os livros, assistia a todos os seminários sobre como prosperar. Eu queria muito ser bem-sucedido. Não sabia exatamente se era por causa do dinheiro, da liberdade, do sentimento de realização ou apenas para provar a minha capacidade aos meus pais. De qualquer modo, vivia obcecado com a idéia de ser "um sucesso". Entre os 20 e os 30 anos de idade, comecei vários negócios, sempre com o sonho de fazer fortuna, no entanto os meus resultados foram de fracos a péssimos.

Eu trabalhava sem parar, porém não decolava. Sofria da "doença do monstro do lago Ness": embora ouvisse falar muito dessa coisa chamada lucro, nunca conseguia vê-lo. E pensava: "Se eu montar o negócio certo, se pegar uma onda boa, me dou bem." Mas estava errado. Nada dava certo... pelo menos para mim. E foi a última parte dessa frase que acabou chamando a minha atenção. Por que outras pessoas que atuavam no mesmo ramo estavam conseguindo ter sucesso e eu continuava quebrado?

Tratei, então, de fazer um rigoroso exame de consciência. Analisando as minhas crenças, observei que, apesar de dizer que queria ficar rico, eu tinha certas inquietações enraizadas a respeito do dinheiro. Acima de tudo, sentia medo. Temia fracassar, ou pior, ter sucesso e acabar perdendo tudo. Nesse caso, eu seria realmente um panaca. Pior, destruiria a única coisa que soprava a meu favor: a lenda de que eu tinha um grande potencial. E se eu descobrisse que não possuía as qualificações necessárias e estava condenado a uma vida de trabalho duro?

Depois, por sorte, recebi conselhos de um amigo da família, um homem extremamente rico. Ele foi à casa dos meus pais jogar cartas e notou a minha presença. Na época eu estava morando na "suíte do andar de baixo", também conhecida como o porão. Era a terceira vez que eu voltava para casa. O meu pai deve ter falado com esse amigo sobre a minha lamentável existência porque, quando ele me viu, tinha nos olhos aquela simpatia normalmente reservada aos parentes de um morto.

Ele disse:

– Harv, eu comecei igual a você: um desastre completo.

"Fantástico, isso faz com que eu me sinta bem melhor", pensei. Mas, antes que pudesse dizer qualquer coisa, ele prosseguiu:

– Mas recebi um conselho que mudou a minha vida e eu gostaria de transmiti-lo a você. Harv, se as coisas não estão indo como você gostaria, isso quer dizer apenas que há algo que você não sabe.

Na época eu era um jovem arrogante e achava que sabia tudo. Porém – ai de mim – a minha conta bancária mostrava o contrário. Comecei a prestar atenção. Ele continuou:

– Você sabia que a maioria das pessoas ricas pensa mais ou menos da mesma forma?

Eu disse:

– Não, nunca observei isso.

Ao que ele respondeu:

– Isso não é ciência exata, mas quase todos os ricos pensam de um jeito completamente diferente das outras pessoas. O modo de pensar determina as ações dos indivíduos e, conseqüentemente, os seus resultados. Você acredita que, se pensasse como os ricos e agisse como eles, conseguiria enriquecer também?

Lembro-me de ter respondido com a confiança de uma bola murcha:

– Acho que sim.

– Então – ele explicou –, tudo o que você precisa fazer é copiar o modo de pensar dos ricos.

Cético como eu era na época, perguntei:

– E no que você está pensando neste momento?

A sua resposta foi:

– Estou pensando que os ricos cumprem os seus compromissos, e o meu neste momento é com o seu pai. As pessoas estão me esperando para jogar. A gente se vê.

E foi embora. Mas as palavras dele ficaram na minha cabeça.

Como nada estava dando certo para mim, pensei: "Por que não fazer o que ele disse?" E me dediquei de corpo e alma ao estudo dos ricos e do seu modo de pensar. Aprendi tudo o que podia sobre o funcionamento da mente humana, mas me concentrei principalmente na psicologia do dinheiro e do sucesso. Descobri que, sim, era verdade: os ricos pensam de um modo diferente das pessoas que não possuem dinheiro e até das que têm uma vida confortável em termos financeiros. Acabei tomando consciência de como os meus pensamentos me empurravam para longe da riqueza. E o mais importante: aprendi técnicas poderosas de recondicionamento mental para passar a pensar da mesma forma que eles.

Até que um dia decidi: "Chega de teoria, agora vou colocar isso em prática." Resolvi tentar outro negócio. Como estava envolvido com a área de saúde e exercícios físicos, abri uma das primeiras lojas de equipamentos de ginástica da América do Norte. Mas não tinha dinheiro, então precisei fazer um empréstimo de US$ 2 mil no cartão de crédito para abrir a empresa. Comecei a aplicar o que havia aprendido, copiando as estratégias de negócios e o modo de pensar das pessoas ricas. O meu primeiro passo foi me comprometer a fazer sucesso e a jogar para vencer. Jurei manter o foco e jamais considerar a hipótese de sair do ramo antes de ficar milionário, quem sabe até mais do que isso. Era um comportamento radicalmente diferente das minhas iniciativas anteriores. Por pensar sempre no curto prazo, eu me desviava do rumo quando aparecia uma boa oportunidade ou me desinteressava quando as coisas iam mal.

Comecei a contestar também a minha atitude mental sempre que tinha pensamentos negativos ou contraproducentes na área financeira. No passado, eu costumava acreditar que o que a minha mente dizia era verdade. Mas havia aprendido que, muitas vezes, a minha própria mente era o meu maior obstáculo ao sucesso. Decidi desprezar os pensamentos que não reforçassem a visão que eu possuía da riqueza. Apliquei todos os princípios que você vai aprender neste livro. Se deu certo? E como!

O meu negócio fez tanto sucesso que abri 10 lojas em apenas dois anos e meio. Depois, vendi metade das ações da empresa para uma grande companhia por US$ 1,6 milhão e me mudei para a ensolarada San Diego, na Califórnia. Tirei dois anos para aperfeiçoar as minhas estratégias e começar a prestar consultoria de negócios a clientes em sessões individuais. Acredito que esse trabalho tenha sido bastante eficaz, pois essas pessoas começaram a levar amigos, parceiros e sócios às reuniões. Em pouco tempo, passei a orientar 10, às vezes 20, clientes ao mesmo tempo.

Um deles sugeriu que eu abrisse uma escola. Considerei a idéia excelente. Fundei a Street Smart Business School e ensinei a milhares de pessoas estratégias práticas de negócios para fazer sucesso em alta velocidade.

Enquanto eu viajava realizando seminários, percebi algo curioso. Às vezes, duas pessoas se sentavam lado a lado na sala e aprendiam exatamente os mesmos princípios e estratégias. Uma delas utilizava essas ferramentas e subia como um foguete rumo ao sucesso. A outra, porém, não alcançava praticamente nenhum resultado.

Ficou óbvio que, mesmo de posse das ferramentas mais espetaculares do mundo, a pessoa terá grandes problemas se houver um pequeno vazamento na sua "caixa de ferramentas", isto é, na sua cabeça. Por causa disso, formulei um programa chamado Seminário Intensivo da Mente Milionária, que se fundamenta no jogo interno do dinheiro e do sucesso. A combinação do jogo interno (a caixa de ferramentas) com o jogo externo (as ferramentas) fez com que os resultados de quase todos os participantes melhorassem extraordinariamente.

É isto o que você vai aprender neste livro: como dominar o *jogo interno* do dinheiro para ser bem-sucedido nele – isto é, como pensar da mesma forma que as pessoas ricas para ficar rico também.

Costumavam me perguntar se o meu sucesso era "fogo de palha" ou uma conquista sólida. Vou expor a questão da seguinte maneira: usando os mesmos princípios que ensino, ganhei muitos milhões de dólares e me tornei multimilionário. Quase todos os meus negócios e investimentos vão de vento em popa. Há quem diga que eu tenho o "toque de Midas", porque tudo o que toco vira ouro. Essas pessoas estão certas, mas o que talvez elas não percebam é que o toque de Midas é apenas outra maneira de mencionar um "modelo financeiro" programado para o sucesso – exatamente o que você terá quando aprender esses princípios e colocá-los em prática.

No começo de cada Seminário Intensivo da Mente Milionária, eu geralmente pergunto aos participantes: "Quantos de vocês vieram aqui para aprender?" Essa pergunta é uma pegadinha porque, como diz o escritor Josh Billings: "Não é o que não sabemos que nos impede de vencer – o nosso maior obstáculo é justamente o que já sabemos." Este livro é mais sobre "desaprender" do que sobre aprender. É essencial que você reconheça até que ponto os seus velhos modos de pensar e agir o conduziram à situação em que você está agora.

Se você já é verdadeiramente rico e feliz, ótimo. Caso contrário, eu o convido a considerar algumas possibilidades que podem não se adequar ao que você pensa que é certo ou apropriado para a sua situação.

E, por falar em confiança, adoro a história do homem que está caminhando à beira de um penhasco quando, de repente, perde o equilíbrio, escorrega e cai. Felizmente, ele tem a presença de espírito de se agarrar a uma saliência do penhasco e ficar pendurado ali de forma desesperadora. Depois de passar algum tempo nessa situação, começa a gritar por socorro:

– Há alguém aí em cima que possa me ajudar?

Não ouve nada. Ele continua gritando:

– Há alguém aí em cima que possa me ajudar?

Até que uma voz estrondosa responde:

– Sou Eu, Deus. Posso ajudá-lo. Solte-se e confie em Mim.

O que se ouviu em seguida foi:

– Há *mais* alguém aí em cima que possa me ajudar?

A lição é simples. Se você quer passar para um nível de vida mais elevado, tem que estar disposto a abrir mão de alguns dos seus velhos modos de ser e pensar e adotar novas opções. No fim, os resultados falarão por si mesmos.

PARTE 1

O seu modelo de dinheiro

Vivemos num mundo de dualidades. Alto e baixo, claro e escuro, quente e frio, rápido e lento, direita e esquerda são alguns exemplos dos milhares de pólos opostos com que convivemos. Para que um pólo exista, é necessário que o outro exista também. É possível haver um lado direito sem que haja um lado esquerdo? Sem chance.

Portanto, se existem regras "externas" para o dinheiro, há também regras "internas" para ele. As primeiras envolvem aspectos essenciais, como conhecimento comercial, administração financeira e estratégias de investimento. Mas não menos fundamental é o jogo interno. Vou fazer uma analogia com um carpinteiro e as suas ferramentas. Ter as mais modernas ferramentas é indispensável para ele, porém ser um carpinteiro de primeira categoria, capaz de utilizá-las com a habilidade de um mestre, é ainda mais importante.

Eu sempre digo: não basta estar no lugar certo na hora certa. Você tem que ser a pessoa certa, no lugar certo, na hora certa.

Quem é você, então? Como você pensa? Quais são as suas crenças? Quais são os seus hábitos e as suas características? Qual é a sua opinião sobre si próprio? Quanta confiança você tem em si mesmo? Como é o seu relacionamento com as pessoas? Até que ponto você confia nelas? Você realmente acredita que merece ser rico? Qual é a sua capacidade de agir apesar do medo, da preocupação, do incômodo, do desconforto? Você consegue ir em frente mesmo quando não está disposto a fazer isso?

O fato é que o seu caráter, o seu pensamento e as suas crenças são os fatores que determinam o seu grau de sucesso.

Stuart Wilde, um dos meus escritores favoritos, apresenta a

questão da seguinte maneira: "A chave do sucesso é despertar a própria energia, pois isso atrairá as pessoas até você. E, quando elas aparecerem, fature!"

PRINCÍPIO DE RIQUEZA

Os seus rendimentos crescem na mesma medida em que você cresce!

Por que o seu modelo de dinheiro é importante?

Você já ouviu falar de pessoas que "desabrocham" financeiramente? Já notou que alguns indivíduos ganham rios de dinheiro e depois perdem tudo, ou começam aproveitando uma excelente oportunidade e, em seguida, deixam o bolo desandar? Agora você sabe qual é a verdadeira causa desse problema. Por fora, parece má sorte, uma oscilação na economia, um sócio desonesto, seja lá o que for. Por dentro, porém, a questão é outra. É por esse motivo que, se uma pessoa ganha muito dinheiro sem estar interiormente preparada para isso, o mais provável é que a sua riqueza tenha vida curta e ela acabe sem nada.

A maioria das pessoas simplesmente não tem capacidade interna para conquistar e conservar grandes quantidades de dinheiro e para enfrentar os crescentes desafios que a fortuna e o sucesso trazem. É sobretudo por causa disso que elas não enriquecem.

Um bom exemplo são os que ganham em loterias. As pesquisas mostram continuamente que, seja qual for o tamanho do prêmio, a maior parte desses felizardos acaba voltando ao seu estado financeiro original, isto é, a ter a quantidade de dinheiro com a qual conseguem lidar com mais facilidade.

No caso de quem enriquece pelo próprio esforço ocorre exatamente o contrário. Repare que, quando um milionário desse tipo perde a fortuna, geralmente ele a refaz em pouco tempo. Nesse aspecto, Donald Trump é um ótimo exemplo. Ele tinha bilhões de dólares e perdeu cada centavo. Dois anos depois, recuperou tudo e até conseguiu mais.

Como se explica esse fenômeno? É simples. Pessoas assim podem perder todo o dinheiro que possuem, mas jamais perdem o ingrediente mais importante do seu sucesso: a mente milionária. No caso de Trump, a sua mente bilionária, é claro. Você já percebeu que ele nunca poderia ser *apenas* um milionário? Como você acha que ele se sentiria a respeito do seu sucesso financeiro se o seu patrimônio líquido fosse de US$ 1 milhão? Provavelmente, arruinado, um completo fracasso financeiro.

Isso acontece porque o "termostato" financeiro desse empresário está regulado para produzir bilhões, e não milhões. Algumas pessoas têm um termostato financeiro programado para gerar milhares, e não milhões; outras têm um termostato ajustado para criar algumas centenas. Finalmente, existem aquelas cujo termostato financeiro está condicionado a funcionar abaixo de zero – elas estão congelando e nem sabem por quê.

A realidade é que a maior parte das pessoas não atinge o seu pleno potencial, não é bem-sucedida. As pesquisas mostram que 80% dos indivíduos jamais serão financeiramente livres como gostariam e 80% deles nunca se considerarão de fato felizes.

O motivo é simples. As pessoas, na sua maioria, agem de forma inconsciente. Quase dormem no ponto – trabalham e pensam num plano superficial da vida, baseadas somente no que vêem. Elas vivem estritamente no mundo visível.

As raízes geram os frutos

Imagine uma árvore. Suponha que seja a árvore da vida. Nela há frutos. Na vida, os nossos frutos são os nossos resultados. Nós olhamos para eles e não gostamos do que vemos – achamos que os frutos que produzimos são poucos, muito pequenos ou que o seu sabor deixa a desejar.

O que tendemos a fazer, então? A maioria de nós dedica ainda mais atenção aos resultados. Mas de onde eles vêm? São as sementes e as raízes que os geram.

É o que está *embaixo da terra* que cria o que está em cima dela. É o *invisível* que produz o *visível*. E o que significa isso? Isso quer dizer que, se você quer mudar os frutos, primeiro tem que trocar as raízes – quando deseja alterar o que está visível, antes deve modificar o que está invisível.

PRINCÍPIO DE RIQUEZA

Se você quer mudar os frutos, primeiro tem que trocar as raízes – quando deseja alterar o que está visível, antes deve modificar o que está invisível.

Algumas pessoas dizem que é necessário ver para crer. A pergunta que tenho para elas é: "Por que você paga a conta de luz?" Mesmo não vendo a eletricidade, você com certeza percebe e utiliza o poder que ela tem. Se não estiver muito certo acerca da sua existência, experimente colocar o dedo na tomada. Garanto que a sua dúvida desaparecerá imediatamente.

Aprendi com a experiência que as coisas que não vemos são muito mais poderosas do que as que vemos. Talvez você não concorde com essa afirmação, mas tenho certeza de que você sofrerá se não aplicar esse princípio na sua vida. Por quê? Porque estará indo contra as leis da natureza que dizem que o que está embaixo do solo gera o que está em cima dele, o que é invisível cria o que é visível.

Como seres humanos, não estamos acima da natureza, somos parte dela. Portanto, *quando respeitamos as suas leis e cuidamos das nossas raízes – do nosso mundo interior –, a vida flui suavemente. Se não fazemos isso, viver se torna difícil.*

Em toda floresta, fazenda, pomar, é o que está embaixo da terra que gera o que está na superfície. Portanto, é inútil concentrarmos a atenção nos frutos que já estão maduros. Não temos como mudar aqueles que já estão pendendo dos galhos, mas podemos modificar os que ainda vão nascer. Para isso, precisamos cavar a terra e reforçar as nossas raízes.

Os quatro quadrantes

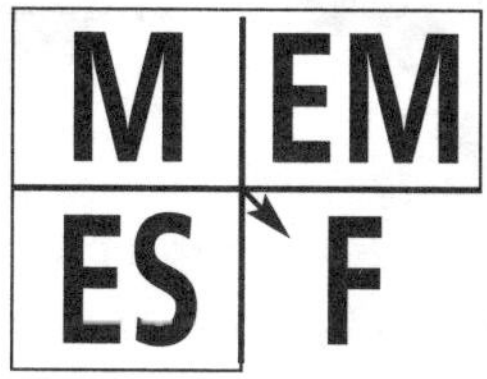

Uma das coisas mais importantes que você deve entender é que não vivemos num único plano da existência. A nossa vida acontece em pelo menos quatro reinos distintos. Esses quatro quadrantes são o mundo físico, o mundo mental, o mundo emocional e o mundo espiritual.

O que a maioria das pessoas nunca percebe é que o reino físico é apenas uma "impressão" dos outros três.

Suponha que você tenha acabado de escrever uma carta no computador. Você aperta a tecla "imprimir" e a carta aparece na impressora. Em seguida, você examina a página e encontra um erro de digitação. Você apaga o erro, redigita a palavra corretamente, depois manda imprimir outra vez e... lá está o mesmo erro.

Mas como pode ser? Afinal, você acabou de corrigi-lo. Então, você apaga uma área maior. Até consulta as 300 páginas do manual chamado *Corrigindo erros de digitação com eficácia*. Pronto, agora você tem todas as "ferramentas" e o conhecimento de que precisava. Aciona o comando "imprimir" e lá está o erro de novo! "Ah!, essa não!", você grita, perplexo. "Não é possível! O que está acontecendo? Será que entrei na quinta dimensão?"

O que está acontecendo é que o problema não pode ser corrigido na "impressão", no mundo físico, mas apenas no "programa", nos mundos mental, emocional e espiritual.

Dinheiro é resultado, riqueza é resultado, saúde é resultado, doença é resultado, o seu peso é resultado. Vivemos num mundo de causa e efeito.

PRINCÍPIO DE RIQUEZA

Dinheiro é resultado, riqueza é resultado, saúde é resultado, doença é resultado, o seu peso é resultado. Vivemos num mundo de causa e efeito.

Você já ouviu alguém dizer que a falta de dinheiro é um enorme problema? Na verdade, ela nunca é um problema, e sim um sintoma do que está acontecendo embaixo da terra.

A falta de dinheiro é o efeito. Mas onde está a causa? Ela se resume ao seguinte: a única maneira de mudar o seu mundo "exterior" é modificar o seu mundo "interior".

Quaisquer que sejam os seus resultados – abundantes ou escassos, bons ou maus, positivos ou negativos –, lembre-se sempre de que o seu mundo exterior é apenas um reflexo do seu mundo interior. Se as coisas não vão bem na sua vida exterior, é porque não estão indo bem na sua vida interior. É simples assim.

Declarações: um poderoso segredo para a mudança

Nos seminários, uso técnicas de "aprendizado acelerado". Com elas, as pessoas aprendem mais depressa e memorizam uma quantidade maior de ensinamentos. A chave é o envolvimento. A abordagem que emprego segue o velho ditado: "Você se esquece daquilo que escuta; você se lembra daquilo que vê; você entende aquilo que faz."

Por isso, vou lhe pedir que, toda vez que você terminar a leitura de um *princípio de riqueza*, faça uma declaração verbal. Em seguida, emita outra "declaração". O que é uma declaração? Uma simples afirmação positiva pronunciada enfaticamente em voz alta.

Por que as declarações são uma ferramenta tão valiosa? Porque tudo o que existe é feito de uma única coisa: energia. A energia sempre viaja em freqüências e vibrações. Assim, toda declaração tem uma freqüência vibratória. Quando você faz uma declaração em voz alta, a energia que ela libera vibra por todas as células do seu corpo.

Ela envia mensagens específicas não apenas para o universo como também para o seu subconsciente.

A diferença entre uma declaração e uma afirmação é pequena, mas, até onde sei, poderosa. A afirmação é definida como "um enunciado positivo segundo o qual um objetivo que você pretende alcançar já está se concretizando". Uma declaração é definida como "o anúncio formal da intenção de empreender um dado curso de ação ou de adotar uma posição específica".

A afirmação diz que determinado objetivo já está sendo alcançado. Não a vejo com bons olhos porque, quase sempre, quando afirmamos alguma coisa que ainda não é real, uma voz dentro da nossa cabeça costuma responder: "Isso não é verdade, é lorota."

Por outro lado, declarar não é dizer que algo já é real, e sim que temos a intenção de fazer ou de ser alguma coisa. É uma posição que a voz consegue aceitar, porque não estamos afirmando que é verdade agora, mas um propósito para o futuro.

Uma declaração é também, por definição, *formal*. É a emissão formal de uma energia que penetra no universo e percorre o nosso corpo.

Outra palavra importante da definição de declaração é *ação*. Devemos executar todas as ações necessárias para que as nossas intenções se tornem realidade. Recomendo que você faça as declarações em voz alta todo dia de manhã e à noite.

Devo admitir que, quando ouvi tudo isso pela primeira vez, eu disse: "Sem essa. Esse negócio de declaração é muito artificial." Mas, como na época eu estava quebrado, pensei: "Mas que diabos, isso não vai doer!", e fui em frente. Como agora estou rico, não surpreende que eu acredite que as declarações funcionam de verdade.

De qualquer forma, prefiro ser absolutamente crédulo e rico do que absolutamente incrédulo e duro. E você?

Eu o convido a dizer:

DECLARAÇÃO

O meu mundo interior cria o meu mundo exterior.

Agora diga:

Eu tenho uma mente milionária!

Qual é e como se formou o seu modelo de dinheiro?

Nos programas de rádio e de televisão de que participo nos Estados Unidos sou conhecido por fazer a seguinte afirmação: "Em cinco minutos posso prever o futuro financeiro que você terá pelo resto da sua vida."

PRINCÍPIO DE RIQUEZA

Em cinco minutos posso prever o futuro financeiro que você terá pelo resto da sua vida.

Como? Numa rápida conversa com uma pessoa, consigo identificar aquilo que chamo de seu "modelo" de dinheiro e de sucesso. Todos nós temos um plano de dinheiro e de sucesso inscrito no subconsciente. É esse modelo, mais do que todas as outras coisas combinadas, o que determina o nosso futuro financeiro.

E o que é o modelo de dinheiro? Vou fazer uma analogia com o projeto de uma casa, que é o plano, ou o desenho preestabelecido, para aquela construção. Analogamente, o modelo de dinheiro de uma pessoa é a sua programação, ou o seu modo de ser preestabelecido, com relação às finanças.

Quero apresentar você a uma fórmula extremamente importante, que determina como criamos a nossa realidade e a nossa riqueza. Muitos dos mais respeitados professores da área de potencial humano usam-na como base dos seus ensinamentos. Ela se chama Processo de Manifestação e tem a seguinte seqüência:

$$P \rightarrow S \rightarrow A = R$$

PRINCÍPIO DE RIQUEZA

Pensamentos conduzem a sentimentos.
Sentimentos conduzem a ações.
Ações conduzem a resultados.

O modelo financeiro de uma pessoa consiste numa combinação dos seus pensamentos, dos seus sentimentos e das suas ações em questões de dinheiro.

Como se forma, então, o modelo de dinheiro? A resposta é simples. Ele se constitui fundamentalmente da informação ou programação que a pessoa recebeu no passado, sobretudo quando era criança.

Quais foram as fontes primárias dessa programação ou condicionamento? Para a maioria de nós, a lista inclui pais, irmãos, amigos, figuras de autoridade, professores, líderes religiosos, mídia e cultura, para mencionar alguns elementos.

Vejamos a cultura. Sabemos que algumas sociedades têm formas próprias de pensar sobre o dinheiro e de lidar com ele, enquanto outras fazem isso de um modo diferente. Você acredita que a criança já sai do ventre da mãe com as atitudes formadas em relação ao dinheiro ou que ela é *ensinada* a lidar com ele? Acertou: toda criança é ensinada a pensar e agir no que diz respeito às finanças.

O mesmo vale para você, para mim e para todas as pessoas. Fomos ensinados a pensar e agir de determinada maneira no que se refere ao dinheiro. Esses ensinamentos se transformaram no condicionamento, que são todas as respostas automáticas que nos conduzem ao longo da vida. A menos, é claro, que sejamos capazes de intervir e rever os arquivos de dinheiro que temos na cabeça. É exatamente isso o que você fará ao longo da leitura deste livro e o que venho ensinando a milhares de pessoas nos meus seminários.

Eu disse que pensamentos conduzem a sentimentos, sentimentos conduzem a ações e ações conduzem a resultados. Nesse ponto surge uma pergunta interessante: de onde vêm os seus pensamentos? Por que você pensa de modo diferente das outras pessoas?

Os seus pensamentos têm origem nos arquivos de informação que você guarda nos compartimentos de armazenagem da sua mente. Mas de onde parte essa informação? Da sua programação passada. É verdade, o seu condicionamento determina todos os pensamentos que surgem na sua mente. É por isso que ele costuma ser chamado de mente condicionada.

Para incluir esse entendimento, o Processo de Manifestação pode agora ser ajustado da seguinte maneira:

$$P \rightarrow P \rightarrow S \rightarrow A = R$$

A sua programação conduz aos seus pensamentos; os seus pensamentos conduzem aos seus sentimentos; os seus sentimentos conduzem às suas ações; as suas ações conduzem aos seus resultados.

Mudando a programação, você dá o primeiro e indispensável passo para modificar os seus resultados.

E como ocorre o condicionamento? Ele se estabelece de três maneiras principais em todos os campos da vida, inclusive no do dinheiro:

Programação verbal: o que você *ouvia* quando era criança?
Exemplo: o que você *via* quando era criança?
Episódios específicos: que *experiências* você teve quando era criança?

Como é muito importante que você entenda os três aspectos do condicionamento, vou analisar cada um deles mais a fundo. Na parte 2, você aprenderá a se recondicionar para obter riqueza e sucesso.

A primeira influência: programação verbal

Na sua infância, que frases você ouvia a respeito de dinheiro, riqueza e pessoas ricas?

Provavelmente algo como: *o dinheiro é a fonte de todo mal, poupe para os dias ruins, os ricos são gananciosos, os ricos são criminosos, os ricos são desonestos, você tem que dar duro para ganhar dinheiro, não se pode ser rico e espiritualizado ao mesmo tempo, dinheiro não nasce em árvore, o dinheiro fala mais alto, os ricos ficam cada vez mais ricos e os pobres cada vez mais pobres, isso não é para o nosso bico, nem todo mundo pode ser rico, nunca se tem o bastante* e a infame frase *não temos dinheiro para isso.*

Na minha casa, toda vez que eu pedia dinheiro ao meu pai, ele respondia aos brados:

– Você acha que eu sou feito de quê? De dinheiro?

Rindo, eu dizia:

– Até que seria bom. Eu pegaria um braço, uma perna e até mesmo um dedo seu.

Ele nunca riu.

Esse é o problema. Todas as frases que você ouviu sobre dinheiro quando era criança permanecem no seu subconsciente como parte do modelo que governa a sua vida financeira.

O condicionamento verbal é extremamente poderoso. Por exemplo, um dia meu filho Jesse, que na época tinha três anos de idade, veio correndo até mim todo animado e disse: "Papai, vamos ver o filme da tartaruga-ninja. Está passando aqui perto." Juro que não fazia a menor idéia de como aquele pingo de gente já podia ser um craque em geografia. Duas horas depois, obtive a resposta ao assistir ao anúncio do filme na televisão. A chamada final dizia: "Em cartaz num cinema perto de você."

Tive outro exemplo da força do condicionamento verbal por meio de um dos participantes do Seminário Intensivo da Mente Milionária. Stephen não tinha nenhum problema em *ganhar* dinheiro – a sua dificuldade era *conservá-lo.*

Na época em que se inscreveu no programa, ele embolsava mais de US$ 800 mil por ano, o mesmo resultado dos nove anos anteriores. Apesar disso, ainda passava sufoco. Stephen dava sempre um jeito de gastar o dinheiro, emprestá-lo ou perdê-lo em maus investimentos. Fosse qual fosse a razão, o seu patrimônio líquido ainda era igual a zero.

Ele me contou que, quando era garoto, a sua mãe costumava dizer: "Os ricos são gananciosos. Eles lucram com o suor dos pobres. A gente deve ter o suficiente para viver. Mais do que isso é cobiça."

Ninguém precisa ser um Einstein para perceber o que se passava no subconsciente de Stephen. Não era de admirar que ele estivesse quebrado, pois fora verbalmente condicionado pela mãe a acreditar que os ricos são gananciosos. Conseqüentemente, a sua mente ligava as pessoas ricas à ambição desmedida, que é, evidentemente, *má*. Como ele não queria ser mau, o seu subconsciente lhe dizia que não podia ser rico.

Stephen amava a mãe e não queria que ela o desaprovasse. É óbvio que, pelo sistema de crenças dela, ele não teria a sua aprovação se ficasse rico. Assim, a única coisa que podia fazer era livrar-se de todo o dinheiro que excedesse o estritamente necessário para o seu sustento – de outra forma estaria sendo ganancioso.

Você deve estar pensando que, entre possuir riqueza e ter a aprovação da mãe ou de quem quer que seja, a maioria das pessoas escolheria ser rica. Nem pensar. A mente humana não funciona assim. É claro que o dinheiro parece ser a escolha lógica. *Mas, quando o subconsciente tem que optar entre a lógica e as emoções profundamente enraizadas, as emoções quase sempre vencem.*

PRINCÍPIO DE RIQUEZA

Quando o subconsciente tem que optar entre a lógica e as emoções profundamente enraizadas, as emoções quase sempre vencem.

Retornando à história de Stephen. Em menos de 10 minutos de curso, usando técnicas experienciais extremamente eficazes, ele conseguiu mudar o seu modelo de dinheiro de modo espetacular. Em apenas dois anos, passou de falido a milionário.

No seminário, Stephen começou a compreender que essas crenças negativas eram da sua mãe e não suas, e se baseavam na programação que ela recebera no passado. Dei então um passo à frente ajudando-o a criar uma estratégia para não perder a aprovação dela, caso ficasse rico. Foi muito simples.

A mãe de Stephen sempre adorou praia. Ele investiu, então, numa casa no Havaí, de frente para o mar. Ela vai para lá todo ano passar o verão e se sente no céu, e ele também. Agora essa senhora considera fantástico o fato de o filho ser alguém bem sucedido financeiramente e não economiza elogios à sua generosidade.

Eu mesmo, depois de um início lento, ia bem nos negócios, mas nunca chegava a ganhar dinheiro com ações. Ao tomar consciência do modelo de dinheiro que possuía, lembrei-me de que, quando eu era garoto, todos os dias depois do trabalho o meu pai se sentava à mesa de jantar com o jornal, examinava as páginas do mercado de capitais e batia com o punho na mesa, reclamando: "Malditas ações!" Depois, ele passava a meia hora seguinte atacando a estupidez do sistema e mostrando como as pessoas podem ter mais chances de ganhar dinheiro com jogos de loteria.

Agora que você já entende o poder do condicionamento verbal, consegue perceber por que eu não era capaz de ganhar dinheiro com ações. Eu estava literalmente programado para fracassar, para escolher a ação errada, pelo preço errado, na hora errada. Por quê? Para validar subconscientemente o modelo de dinheiro que bradava: "Malditas ações!"

Tudo o que sei dizer é que, depois que arranquei essa erva daninha tremendamente tóxica do meu "jardim financeiro" interno, comecei a colher os frutos. A partir do meu recondicionamento, passei a escolher ações que se valorizavam e, desde então, continuei a ter um admirável sucesso no mercado de capitais. Parece incrível, mas, depois que a pessoa de fato compreende como o modelo de dinheiro funciona, isso faz todo o sentido.

Repetindo: o condicionamento do seu subconsciente determina

o seu pensamento. O seu pensamento determina as suas decisões e estas determinam as suas ações, que, finalmente, determinam os seus resultados.

São quatro os elementos-chave da mudança, todos essenciais para a reprogramação do seu modelo de dinheiro. Eles são simples, porém muito poderosos.

O primeiro elemento da mudança é a *conscientização*. Você não pode modificar uma coisa cuja existência ignora.

O segundo elemento da mudança é o *entendimento*. Compreendendo a origem do seu "modo de pensar", você será capaz de reconhecer que ele tem que vir de fora.

O terceiro elemento da mudança é a *dissociação*. Ao constatar que esse modo de pensar não é seu, você tem a opção de mantê-lo ou largá-lo, baseado em quem você é hoje e onde quer estar amanhã. Pode observar essa maneira de pensar e vê-la como ela é – apenas um arquivo de informação armazenado na sua mente há muito tempo que talvez não tenha mais um pingo de verdade nem de valor para você.

O quarto elemento é o *recondicionamento*. Iniciarei esse processo na parte 2, em que apresento os arquivos mentais que criam a riqueza.

Agora, vou retornar à questão do condicionamento verbal e expor os passos que você pode dar desde já para começar a rever o seu modelo de dinheiro.

Passos para a mudança: programação verbal

CONSCIENTIZAÇÃO – Escreva as frases que você ouvia sobre dinheiro, riqueza e pessoas ricas quando era criança.

ENTENDIMENTO – Escreva sobre como essas frases vêm afetando a sua vida financeira até hoje.

DISSOCIAÇÃO – Você percebe que esses pensamentos representam apenas o seu aprendizado passado, que eles não são parte da sua anatomia, não são quem você é? Consegue ver que o presente lhe dá a opção de ser diferente?

DECLARAÇÃO

As coisas que eu ouvia sobre dinheiro não são necessariamente verdadeiras. Opto por adotar novas formas de pensar que contribuam para a minha felicidade e o meu sucesso.

Agora diga:

Eu tenho uma mente milionária!

A segunda influência: exemplos

A segunda maneira como somos condicionados é chamada de exemplo. Como se comportavam os seus pais ou responsáveis em questões de dinheiro quando você era criança? Eles cuidavam bem ou mal das finanças? Eram gastadores ou econômicos? Eram investidores perspicazes ou nunca investiam? Eram propensos a arriscar ou conservadores? Vocês tinham dinheiro sempre ou só esporadicamente? O dinheiro afluía com facilidade à sua família ou era suado? Era fonte de felicidade ou motivo de ásperas discussões?

Por que essa informação é importante? Você já deve ter ouvido a frase: "Macaco vê, macaco faz." Ora, nós, seres humanos, não ficamos muito atrás. Quando crianças, aprendemos quase tudo a partir dos exemplos que nos dão.

Embora a maioria de nós odeie admitir o que vou dizer, há uma boa dose de verdade no velho ditado: "A fruta não cai longe da árvore."

Isso me lembra a história da mulher que estava preparando o pernil para o jantar cortando as duas pontas dessa peça de carne. Sem entender, o marido lhe perguntou por que ela fazia isso. Ela respondeu: "Era assim que a minha mãe fazia." Justamente naquela noite a sua mãe foi jantar com eles. Os dois aproveitaram para lhe perguntar por que ela sempre cortava as duas extremidades do pernil. A mãe respondeu: "Porque era assim que a minha mãe fazia." Então eles decidiram telefonar para a avó dela e saber por que ela cortava as pontas do pernil. A resposta? "Porque a minha panela era pequena!"

A questão é: em matéria de dinheiro, tendemos a ser idênticos aos nossos pais – a um deles em particular ou a uma combinação dos dois.

O meu pai, por exemplo, era empresário do ramo da construção civil. Construía de 12 a 100 casas por projeto. Cada um desses empreendimentos demandava um pesado investimento de capital. O meu pai precisava empenhar tudo o que tínhamos para fazer empréstimos nos bancos até as casas serem vendidas e o dinheiro começar a entrar. Por isso, toda vez que ele dava início a um projeto, nós ficávamos mergulhados em dívidas e sem um tostão para gastar.

Como você pode imaginar, por essa época o humor do meu pai não era dos melhores nem a generosidade era o seu forte. Para tudo o que eu lhe pedia, mesmo que custasse só um centavo, a sua resposta-padrão depois de "Você acha que eu sou feito de dinheiro?" era "Está maluco?". É claro que eu não conseguia mais do que aquele olhar de "Nem pense em pedir outra vez". Garanto que você sabe exatamente o que é isso.

Essa situação durava um ano ou dois, até as casas serem vendidas. Depois, ficávamos cheios da grana. Da noite para o dia, o meu pai se transformava em outra pessoa. Ficava feliz, afável e extremamente generoso. Até me perguntava se eu precisava de dinheiro. Eu tinha ganas de lhe devolver aquele olhar da época das vacas magras, mas, como não era bobo, dizia apenas: "Claro, pai, obrigado." E revirava os olhos.

A vida era boa até o maldito dia em que ele chegava em casa anunciando: "Encontrei um ótimo terreno. Vamos construir novamente." Lembro-me muito bem de que eu costumava dizer "Fantástico, pai, boa sorte!", com o coração apertado por saber do período de dureza que teríamos pela frente.

Até onde consigo me lembrar, esse padrão já existia quando eu tinha seis anos de idade e durou até os meus 21 anos, quando saí definitivamente de casa. Foi quando tudo mudou – pelo menos era assim que eu pensava.

Nessa época, terminei os estudos e me tornei, como você há de imaginar, construtor. Depois me meti em vários negócios relacionados com projetos de construção. Por algum estranho motivo, após ganhar pequenas fortunas, em pouco tempo eu estava de novo na pindaíba. Então, começava outro negócio, sentia-me novamente no topo do mundo e, um ano depois, me via mais uma vez no fundo do poço.

Fiquei cerca de 10 anos nesse esquema de altos e baixos, até perceber que o problema talvez não fosse o ramo de negócio em que eu estava, os sócios que escolhia, os empregados que tinha, a situação econômica do país ou minha decisão de dar um tempo no trabalho e relaxar quando as coisas iam bem. Finalmente, reconheci que, talvez, estivesse inconscientemente revivendo os altos e baixos do meu pai.

Graças a Deus, tive a oportunidade de aprender o que você está lendo neste livro e consegui me recondicionar a abandonar o modelo ioiô e construir uma vida de prosperidade crescente. Até hoje sinto ânsia de mudar quando as coisas vão bem (e sabotar a mim mesmo no processo), mas agora tenho na mente outro arquivo que observa esse sentimento e diz: "Obrigado pela informação. Pode retomar a concentração e voltar ao trabalho."

O exemplo seguinte vem de um dos participantes dos seminários. Nunca vou me esquecer de um senhor que, em lágrimas, se aproximou de mim no final da apresentação com a respiração ofegante e enxugando os olhos na manga da camisa. Olhei para ele e perguntei:

– Qual é o problema, senhor?

Ele respondeu:

– Tenho 63 anos de idade. Leio livros e freqüento seminários desde que eles foram inventados. Já escutei todo tipo de palestrante e tentei tudo o que eles sugeriram – ações, imóveis, uma dúzia de negócios diferentes. Voltei à universidade e obtive um MBA. Tenho 10 vezes mais conhecimento do que a média das pessoas e jamais alcancei o sucesso financeiro. Em todos esses anos, sempre comecei muito bem e acabei de mãos vazias e nunca soube por quê. Eu me achava um completo idiota até hoje. Depois de ouvir o que você falou e processar as informações, finalmente as coisas começaram a fazer sentido. Não há nada errado comigo. Simplesmente trago o modelo de dinheiro do meu pai gravado na mente, e esse tem sido o meu castigo. O meu pai perdeu tudo o que possuía num negócio malsucedido. Todo dia ele saía de casa para procurar trabalho ou tentar vender alguma coisa e voltava sem nada. Ah, se eu tivesse aprendido sobre modelos e padrões de dinheiro há 40 anos... Quanta perda de tempo todo esse aprendizado e conhecimento.

E começou a chorar convulsivamente. Eu lhe disse:

– O seu conhecimento não é de forma nenhuma uma perda de tempo. Ele apenas ficou latente, num canto do seu cérebro, à espera do momento oportuno para se manifestar. Agora que o senhor formulou um "modelo de sucesso", tudo o que aprendeu ao longo da vida se tornará útil e fará com que seja bem-sucedido.

A maioria de nós já sabe a verdade quando a escuta. Ele começou a ficar ofegante de novo, depois foi se mostrando mais aliviado e passou a respirar profundamente. Em seguida, um grande sorriso iluminou o seu rosto. Deu-me um forte abraço e disse:

– Obrigado, obrigado, obrigado.

Na última vez que tive notícias desse senhor, ele estava nas alturas: acumulara mais riqueza nos últimos 18 meses do que nos últimos 18 anos. Para mim, isso é o máximo.

Repito: mesmo que você tenha todo o conhecimento e toda a qualificação do mundo, se o seu modelo não estiver programado para o sucesso, você estará condenado financeiramente.

Nos seminários, recebo muitas pessoas cujos pais lutaram na Segunda Guerra Mundial ou sofreram uma grande perda financeira. Elas sempre se espantam ao perceber como as experiências dos pais influenciaram as suas crenças e os seus hábitos a respeito do dinheiro. Algumas delas gastam feito loucas porque, como dizem: "É muito fácil perder tudo, por isso o melhor é desfrutar o dinheiro enquanto é possível." Outras fazem o caminho inverso: guardam o que têm no cofre para os dias difíceis.

Uma palavra de sabedoria: poupar para os dias difíceis parece uma boa idéia, mas pode também criar grandes problemas. Um dos princípios que ensino nos cursos é o poder da intenção. Se você está juntando dinheiro para os dias *difíceis*, o que acabará conseguindo? Dias difíceis! Pare de fazer isso. Em vez de economizar para tempos ruins, concentre-se em guardar para os dias *felizes* ou para o dia em que você alcançar a sua liberdade financeira. Nesse caso, pela lei da intenção, é exatamente isso o que obterá.

Eu disse anteriormente que, em questões de dinheiro, a maioria das pessoas tende a se identificar com os pais ou com um deles pelo menos, mas há também o outro lado da moeda. Há quem acabe se tornando exatamente o oposto deles. Por que isso acontece? Será que as palavras *raiva* e *rebeldia* têm algo a ver com essa história? Em suma, tudo depende do quanto a pessoa se irritava com os pais.

Infelizmente, quando somos crianças não podemos dizer a eles: "Mamãe, papai, sentem-se aqui. Quero discutir uma coisa com vocês: não gosto da maneira como vocês lidam com o seu dinheiro. Por isso, quando for adulto, vou agir de um modo totalmente diferente. Espero que compreendam. Agora vão dormir. Tenham bons sonhos."

Não, as coisas definitivamente não acontecem assim. Pelo contrário: quando os nossos botões são apertados, geralmente tendemos a ficar furiosos e a reagir com uma atitude do tipo: "Eu odeio vocês. Jamais serei como vocês. Quando eu crescer, serei rico, terei tudo o que quero, gostem vocês ou não." Depois, vamos para o quarto, batemos a porta e começamos a socar o travesseiro ou o que estiver ao alcance da mão para extravasar a frustração.

Muitas pessoas nascidas em famílias pobres sentem raiva e se rebelam. Em geral, elas vão à luta e enriquecem ou têm, pelo menos, o impulso de enriquecer. Mas há um pequeno problema, que é na verdade um problemão. Mesmo que façam fortuna ou se matem de trabalhar na tentativa de alcançar o sucesso, elas não costumam ser felizes. Por quê? Porque as raízes da sua riqueza ou motivação para ganhar dinheiro são a raiva e o ressentimento. Conseqüentemente, *dinheiro* e *raiva* tornam-se entidades associadas na sua mente: quanto mais dinheiro elas têm ou lutam para ter, mais enraivecidas ficam.

Até o dia em que a sua consciência lhes diz: "Estou cansado de tanta raiva e de tanto estresse. Tudo o que eu quero é paz e felicidade." Nesse ponto, as pessoas perguntam à mesma mente que criou aquela associação o que fazer a respeito dessa situação. E a mente responde: "Para se livrar da raiva, será necessário dar um fim ao seu dinheiro." E é o que elas fazem: inconscientemente, livram-se dele.

Começam a gastar loucamente, a realizar maus investimentos, a pedir divórcios desastrosos do ponto de vista financeiro ou a sabotar o próprio sucesso de outra forma. Mas não importa, porque agora elas são felizes, certo? Errado. As coisas ficam ainda piores porque agora, além de continuarem a sentir raiva, elas estão também na lona. Deram fim à coisa errada!

Livraram-se do dinheiro, e não da raiva – do fruto, e não da raiz –, quando a verdadeira questão é, e sempre foi, a raiva que sentem dos pais. Enquanto esse sentimento permanecer, elas nunca estarão verdadeiramente felizes ou em paz, não importa quanto dinheiro tenham ou deixem de ter.

A sua razão, ou motivação, para enriquecer ou fazer sucesso é crucial. Se ela possui uma raiz negativa, como o medo, a raiva ou a necessidade de provar algo a si mesmo, o dinheiro nunca lhe trará felicidade.

PRINCÍPIO DE RIQUEZA

A sua razão ou motivação para enriquecer ou fazer sucesso é crucial. Se ela possui uma raiz negativa, como o medo, a raiva ou a necessidade de provar algo a si mesmo, o dinheiro nunca lhe trará felicidade.

Por quê? Porque nenhum desses problemas pode ser resolvido com dinheiro. Veja o caso do medo, por exemplo. Nos seminários, costumo perguntar à platéia: "Quantos de vocês diriam que o medo é a sua principal motivação para o sucesso?" Poucas pessoas erguem o braço. No entanto, quando eu pergunto "Quantos de vocês diriam que a segurança é uma das suas principais motivações para o sucesso?", quase todos os presentes levantam a mão. Mas preste atenção – a segurança e o medo são ambos motivados pelo mesmo fator. A busca por segurança tem origem na insegurança, cujo fundamento é o medo.

Será que mais dinheiro dissipa o medo? Quem dera! A resposta é: absolutamente, não. Por quê? Porque o dinheiro não é a raiz do problema; o medo, sim. E o pior é que esse sentimento, mais do que um problema, é um hábito. Portanto, ganhar mais dinheiro apenas mudará o tipo de temor que trazemos dentro de nós. Quando não possuímos nada, sentimos medo de não conseguir chegar lá ou de não termos o suficiente. Se atingimos um patamar qualquer, o medo passa a ser "E se eu perder tudo o que consegui?", ou "Todo mundo vai querer o meu dinheiro", ou ainda "Vou ter que pagar uma fortuna de impostos". Em resumo, se não formos à raiz da questão e nos livrarmos do medo, nenhuma quantidade de dinheiro será capaz de nos ajudar.

É claro que a maioria das pessoas, se pudessem escolher, preferiria se preocupar com a possibilidade de perder o dinheiro que possui a não ter um centavo, mas nenhuma dessas duas hipóteses propicia um modo agradável de viver.

Assim como existem pessoas movidas pelo medo, há quem seja motivado a alcançar o sucesso financeiro para provar que "é suficientemente capaz". Vou tratar detalhadamente desse desafio na parte 2. Por enquanto, apenas entenda que nenhuma quantidade de dinheiro jamais fará de você alguém competente. O dinheiro não pode transformá-lo em algo que você já é. Volto a dizer: assim como acontece com o medo, a necessidade de provar a sua competência o tempo todo acaba se tornando o seu modo de viver. Nem passa pela sua cabeça que essa necessidade está governando os seus atos. Você se considera um grande realizador, um baita líder, uma pessoa determinada, características que são todas excelentes. A questão que permanece é: por quê? Que motor está na raiz de tudo isso?

No caso dos indivíduos movidos pela necessidade constante de provar que são capazes, nenhuma quantidade de dinheiro consegue aliviar a dor daquela ferida interna que faz com que, para eles, todas as coisas e todas as pessoas da sua vida não são "o suficiente". Nem todo o dinheiro do mundo, nem qualquer outra coisa do gênero, será o bastante para quem não se sente capaz.

Mais uma vez: está tudo dentro de você. Lembre-se: o seu mundo interior reflete o seu mundo exterior. Se você não se considera pleno, acabará confirmando essa crença e criando a realidade de que não tem o suficiente. Por outro lado, se você se sente uma pessoa plena, validará essa crença gerando abundância. Por quê? Porque a plenitude é a sua raiz e ela se tornará o seu modo natural de viver.

Desvinculando a sua motivação para ganhar dinheiro da raiva, do medo e da necessidade de auto-afirmação, você poderá estabelecer novas associações para prosperar financeiramente por meio do *propósito*, da *contribuição* e da *alegria*. Assim, nunca terá que se livrar do dinheiro para ser feliz.

Ser rebelde ou ser o oposto dos seus pais na área financeira nem sempre é um problema. Ao contrário, se você é um rebelde (geralmente o caso do segundo filho) e a sua família tem hábitos negativos no que diz respeito ao dinheiro, é muito bom pensar e agir de forma oposta a ela nessa questão. Por outro lado, se os seus pais são bem-sucedidos e você está se voltando contra eles, pode estar a caminho de enfrentar sérias dificuldades financeiras.

Em qualquer dos casos, o importante é reconhecer como o seu modo de ser se relaciona com um dos seus pais ou com ambos em matéria de dinheiro.

Passos para a mudança: exemplo

CONSCIENTIZAÇÃO – Pense no modo de ser e nos hábitos dos seus pais em relação à riqueza e ao dinheiro. Liste por escrito em que aspectos você se considera igual a cada um deles ou o seu oposto.

ENTENDIMENTO – Escreva sobre o efeito que esse exemplo vem causando na sua vida financeira.

DISSOCIAÇÃO – Você compreende que esse modo de ser é apenas o seu aprendizado passado, e não quem você é? Consegue perceber que tem a opção de ser diferente agora?

DECLARAÇÃO

O exemplo que tive a respeito do dinheiro era o modo de agir dos meus pais. A minha maneira de fazer as coisas nessa área sou eu que escolho.

Agora diga:

Eu tenho uma mente milionária!

A terceira influência: episódios específicos

A terceira forma básica de condicionamento são os episódios específicos. Que experiências com dinheiro, riqueza e pessoas ricas você teve quando criança? Elas são extremamente importantes porque moldaram as crenças – ou melhor, as ilusões – que hoje governam a sua vida.

Vou dar um exemplo. Josey, uma enfermeira de sala de cirurgia, foi ao Seminário Intensivo da Mente Milionária. Os seus rendimentos eram excelentes, mas ela sempre gastava tudo. Quando cavamos um pouco mais fundo, ela falou de um episódio que vivera aos 11 anos de idade. Estava com os pais e a irmã num restaurante chinês. A mãe e o pai começaram mais uma das suas brigas por causa de dinheiro. De pé, o pai gritava e esmurrava a mesa com o punho quando ficou vermelho, depois azul, e caiu no chão, vítima de um ataque cardíaco. Josey era da equipe de natação da escola e tinha feito o treinamento de ressuscitação cardiopulmonar. Tentou de tudo, mas não adiantou. O pai morreu nos seus braços.

Desse dia em diante, a sua mente passou a associar o dinheiro à dor. Não admira que, quando adulta, Josey tenha passado a se livrar subconscientemente de todo o dinheiro que ganhava, na tentativa de dar um fim à dor. Outro dado interessante é o fato de ela ter se tornado enfermeira. Por quê? Talvez ainda estivesse tentando salvar o pai.

No curso, nós a ajudamos a identificar e revisar o seu antigo modelo de dinheiro. Hoje ela está a caminho de se tornar financeiramente independente. E não é mais enfermeira. Não que não gostasse do trabalho, o problema é que estava nessa profissão pelo motivo errado. Hoje Josey trabalha com planejamento financeiro personalizado, ajudando as pessoas a entender como a programação passada governa todos os aspectos da sua vida financeira.

O próximo exemplo de episódio específico é mais pessoal. Quando a minha mulher tinha oito anos de idade, toda vez que ela ouvia a buzina do caminhão de sorvete na sua rua, corria até à mãe para pedir uma moedinha. E ouvia a seguinte resposta: "Sinto muito, querida, eu não tenho. Peça ao seu pai." Ele então lhe dava uma moeda e ela ia comprar o sorvete, feliz da vida.

Toda semana essa mesma história se repetia. O que foi, então, que a minha mulher aprendeu a respeito do dinheiro?

Primeiro, que são os homens que têm dinheiro. E o que você acha que ela esperava de mim quando nos casamos? Exatamente: que eu lhe desse dinheiro. Só que agora ela não pedia mais moedinhas! Já era uma mulher formada.

Segundo, ela aprendeu que mulher não tem dinheiro. Se a sua mãe (a deusa) não o tinha, obviamente era assim que as coisas deviam ser. Para confirmar esse padrão, ela se livrava subconscientemente de todo o dinheiro que ganhava. E era sempre precisa nesse aspecto. Se eu lhe desse US$ 100, ela gastava US$ 100. Se lhe desse US$ 200, ela gastava US$ 200, se lhe desse US$ 500, ela gastava US$ 500. Foi quando ela fez um dos meus cursos e aprendeu tudo sobre a arte da alavancagem financeira. Eu lhe dava US$ 2 mil e ela gastava US$ 10 mil! Tentei explicar: "Não, meu amor, com alavancagem quero dizer que nós deveríamos *receber* US$ 10 mil, e não gastá-los." Por alguma razão, esse conceito não se fixava na sua mente.

O único motivo pelo qual nós brigávamos era o dinheiro. Isso quase custou o nosso casamento. O que não sabíamos era que dávamos significados inteiramente diferentes a ele. Para a minha mulher, dinheiro correspondia a *prazer* imediato (como saborear um sorvete). Eu, por outro lado, cresci com a crença de que ele devia ser acumulado para proporcionar *liberdade*.

No que me dizia respeito, quando a minha mulher gastava dinheiro, ela estava acabando com a nossa liberdade futura. E, do ponto de vista dela, sempre que eu a impedia de gastar, estava tirando o seu prazer de viver.

Felizmente, aprendemos a reavaliar os nossos respectivos modelos financeiros e, mais importante, a estabelecer um terceiro modelo específico para o nosso relacionamento.

Será que dá certo? Deixe-me responder da seguinte maneira: eu testemunhei três milagres na minha vida:

1. O nascimento da minha filha.
2. O nascimento do meu filho.
3. O fim das minhas brigas com a minha mulher por causa de dinheiro.

As estatísticas mostram que a causa mais freqüente das separações e divórcios é o dinheiro. E o principal motivo por trás das brigas não é o dinheiro em si mesmo, mas o conflito entre "modelos de dinheiro". Não importa quanta grana você tenha ou deixe de ter. Se o seu modelo não é compatível com o da pessoa com quem se relaciona, há um grande desafio à sua frente. Isso vale para pessoas casadas, namorados, familiares e até sócios. O fundamental é compreender que você está lidando com modelos, e não com dinheiro. Uma vez que tenha identificado o modelo financeiro do seu parceiro ou da sua parceira, conseguirá lidar com ele de um modo que satisfaça ambos.

O primeiro passo é se conscientizar de que os arquivos de dinheiro dessa pessoa são provavelmente diferentes dos seus. Em vez de se aborrecer, procure compreender. Faça o possível para saber o que é importante para ela nessa área e identifique as suas motivações e os seus receios. Assim, estará lidando com as raízes e não com os frutos, e terá uma boa chance de solucionar o problema. Do contrário, perca a esperança.

Passos para a mudança: episódios específicos

Há um exercício que você pode fazer com o seu parceiro ou com a sua parceira. Sentem-se e falem sobre as histórias envolvendo dinheiro que cada um de vocês tem na memória – o que ouviam quando crianças, os respectivos modelos familiares e quaisquer episódios emocionais específicos que tenham vivido. Descubram também o que o dinheiro realmente significa para ambos: prazer, liberdade, segurança, status. Isso os ajudará a identificar os seus modelos de dinheiro atuais e descobrir os motivos das suas divergências nessa questão.

Em seguida, falem a respeito do que vocês querem hoje, não como indivíduos, mas como parceiros. Cheguem a um acordo e decidam sobre os seus objetivos gerais e as suas atitudes em relação a dinheiro e sucesso. Depois, escrevam num papel uma lista das ações que os dois consideram positivas para guiar a sua vida. Prendam o papel na parede e, sempre que houver um problema, lembrem-se mutuamente e com toda a gentileza daquilo que vocês decidiram juntos quando conversaram de maneira objetiva, desapaixonada e livre das garras dos seus antigos modelos de dinheiro.

CONSCIENTIZAÇÃO – Pense num episódio emocional específico a respeito de dinheiro que você tenha vivido quando criança.

ENTENDIMENTO – Escreva sobre como esse episódio pode ter afetado a sua vida financeira atual.

DISSOCIAÇÃO – Você compreende que esse modo de ser é apenas o seu aprendizado passado e não quem você é? Consegue perceber que tem a opção de ser diferente agora?

DECLARAÇÃO

Eu me liberto das minhas experiências passadas negativas com dinheiro e crio para mim um futuro novo e rico.

Agora diga:

Eu tenho uma mente milionária!

Afinal, o que está programado no seu modelo de dinheiro?

É hora de responder à pergunta que vale um milhão. Qual é o seu atual modelo de dinheiro e sucesso e para quais resultados ele está dirigindo você subconscientemente? Você está programado para o sucesso, para a mediocridade ou para o fracasso financeiro? Está programado para viver na dureza ou para fazer fortuna? Está programado para batalhar por dinheiro ou para trabalhar de forma equilibrada?

Você está condicionado a ter um rendimento estável ou flutuante? Já sabe do que se trata: primeiro você tem, depois não tem, depois tem, depois não tem. Sempre parece que as causas dessa drástica variação vêm do mundo exterior. Por exemplo: "Eu tinha um ótimo emprego, mas a empresa faliu. Então comecei o meu próprio negócio. As coisas iam de vento em popa, porém o mercado encolheu. O meu negócio seguinte ia muito bem até o meu sócio sair", etc. Não se iluda, esse é o seu modelo em operação.

Você está programado para ter uma renda baixa, uma renda média ou uma renda alta? Sabia que existem quantidades de dinheiro que a maioria das pessoas está programada para receber? Você está programado para ganhar de R$ 30 mil a R$ 40 mil por ano? De R$ 50 mil a R$ 60 mil? De R$ 80 mil a R$ 100 mil? De R$ 200 mil a R$ 300 mil? Mais de R$ 350 mil?

Alguns anos atrás, numa das minhas palestras, havia na platéia um cavalheiro inusitadamente bem vestido. Quando terminei a apresentação, ele veio até mim e perguntou se eu achava que o Seminário Intensivo da Mente Milionária poderia fazer algo por ele, considerando que os seus rendimentos já eram de US$ 500 mil por ano. Perguntei-lhe há quanto tempo ele ganhava esse valor. Ele respondeu: "Há sete anos seguidos."

Era tudo o que eu precisava ouvir. Perguntei-lhe, então, por que ele não ganhava US$ 2 milhões por ano. Disse-lhe que os princípios que ensino são destinados a pessoas que desejam atingir o seu *pleno potencial financeiro* e lhe pedi que pensasse no motivo pelo qual ele estava parado no meio milhão. Ele decidiu participar do seminário.

Um ano depois, recebi dele um e-mail que dizia: "O meu aprendizado foi incrível, mas cometi um erro. Reprogramei o meu modelo de dinheiro para ganhar apenas US$ 2 milhões por ano, como discutimos. Como já cheguei lá, estou me reprogramando para obter US$ 10 milhões anuais."

A questão é: o seu rendimento atual não importa. O que interessa saber é se você está atingindo o seu pleno potencial financeiro ou não. Talvez você esteja se perguntando por que diabos uma pessoa precisa de tanto dinheiro. Primeiro, a própria pergunta não é francamente positiva para a sua riqueza, mas um sinal de que você deve rever o seu modelo de dinheiro. Segundo, o principal motivo pelo qual aquele senhor queria ganhar tudo aquilo era aumentar as suas doações a uma instituição de caridade que ajuda vítimas da AIDS na África. Um golpe na crença de que as pessoas ricas são gananciosas.

Vamos em frente. Você está programado para economizar dinheiro ou para gastá-lo? Está programado para administrá-lo bem ou para administrá-lo mal?

O seu condicionamento o leva a escolher investimentos de sucesso ou a entrar em "roubadas"? Talvez você esteja se perguntado: "Como é possível que o fato de eu ganhar ou perder dinheiro na bolsa de valores ou em imóveis esteja inscrito no meu modelo?" É simples. Quem escolhe as ações? As propriedades? Você. Quem decide quando comprá-las? Você. Quem decide quando vendê-las? Você. Acredito que você tem algo a ver com tudo isso.

Tenho um conhecido chamado Larry que é um verdadeiro ímã

quando se trata de ganhar dinheiro. Definitivamente, o seu modelo é de *rendimentos elevados*. Mas, quando a questão é investir o próprio dinheiro, Larry tem o beijo da morte. Tudo o que ele compra despenca como uma avalanche. (Você acredita que o pai dele tinha o mesmo problema?) Eu me mantenho em estreito contato com ele para lhe pedir conselhos financeiros. São sempre perfeitos, ou melhor, perfeitamente errados! Tudo o que Larry sugere eu faço ao contrário.

Observe, porém, como algumas pessoas parecem ter o que chamei de toque de Midas. Tudo o que elas tocam se converte em ouro. As duas síndromes, o toque de Midas e o beijo da morte, não são senão manifestações opostas do modelo financeiro.

Volto a dizer: o seu modelo de dinheiro determinará a sua vida financeira – e até a sua vida pessoal. Se você é uma mulher cujo modelo de dinheiro está programado para rendimentos baixos, o mais provável é que atraia um homem que também apresente esse tipo de programação, para que você possa permanecer na situação financeira em que se sente confortável e validar o seu modelo. Caso você seja um homem cujo modelo de dinheiro está programado para rendimentos baixos, o mais provável é que atraia uma mulher gastadora que arrase a sua conta bancária, para que você possa permanecer na situação financeira em que se sente confortável e legitimar o seu modelo.

A maioria das pessoas acredita que o sucesso nos negócios depende fundamentalmente das suas qualificações e dos seus conhecimentos, ou, pelo menos, da sua perspicácia em identificar as melhores oportunidades em termos comerciais. Odeio ter que lhe dizer que isso não é bem assim.

O sucesso do seu negócio depende do seu modelo de dinheiro. Você sempre o validará. Se ele está programado para lhe dar R$ 30 mil anuais, essa é a medida precisa do êxito que você obterá com ele – o suficiente para lhe garantir R$ 30 mil por ano.

Se você é vendedor e tem um modelo programado para ganhar R$ 100 mil por ano e consegue fechar um grande negócio que lhe renderá R$ 150 mil, acontecerá o seguinte: ou a venda será cancelada ou, caso você receba os R$ 150 mil, o ano seguinte será péssimo para compensar e levá-lo de volta ao nível do seu modelo financeiro.

Por outro lado, caso você esteja programado para ganhar R$ 150 mil e tenha passado dois anos na pior, não se preocupe: você vai recuperar tudo o que não conseguiu receber. Será necessariamente assim, é a lei subconsciente da relação entre a mente e o dinheiro. Talvez você siga uma intuição e faça um bom negócio no mercado de capitais ou acerte em outra investida qualquer. Não importa o que seja: de um jeito ou de outro, se você está programado para ganhar R$ 150 mil por ano, no fim é isso que vai ter.

E como você pode descobrir a programação do seu modelo de dinheiro? Uma das maneiras mais óbvias é examinar os seus resultados. Analise a sua conta bancária. Analise a sua renda. Analise o seu patrimônio líquido. Analise o êxito dos seus investimentos. Analise o seu sucesso nos negócios. Analise se você é um gastador ou um poupador. Analise se você administra bem as suas finanças. Analise até que ponto os seus rendimentos são estáveis ou flutuantes. Analise o quanto você dá duro para ganhar dinheiro. Analise os seus relacionamentos que envolvem dinheiro.

O seu dinheiro é suado ou chega a você com facilidade? Você tem um negócio ou um emprego? Você fica muito tempo no mesmo negócio ou emprego ou muda com freqüência?

O modelo de dinheiro funciona como um termostato. Se a temperatura da sala é 22º, é provável que o termostato esteja regulado para 22º. E é nesse ponto que a questão fica interessante. É possível, considerando o fato de que a janela está aberta e faz frio lá fora, que a temperatura da sala caia e atinja 18º? É claro, mas o que acontecerá no fim? O termostato será acionado e ela voltará aos 22º.

É possível também, considerando o fato de que a janela está aberta e faz calor lá fora, que a temperatura da sala suba e chegue a 25º? É claro que sim, mas o que acontecerá no fim? O termostato será acionado e ela retornará aos 22º.

A única maneira de mudar permanentemente a temperatura da sala é "zerar" o termostato. De modo análogo, a única maneira de modificar permanentemente o seu nível de sucesso financeiro é zerar o seu termostato financeiro, também conhecido como modelo de dinheiro.

PRINCÍPIO DE RIQUEZA

A única maneira de mudar permanentemente a temperatura da sala é "zerar" o termostato. De modo análogo, a única maneira de modificar permanentemente o seu nível de sucesso financeiro é zerar o seu termostato financeiro, também conhecido como modelo de dinheiro.

Você pode tentar o que for – desenvolver os seus conhecimentos em negócios, marketing, vendas, negociações e administração e tornar-se especialista em imóveis ou ações. Essas são ótimas ferramentas. Mas, no fim, se a sua caixa de ferramentas interna não for grande e forte o suficiente para ajudá-lo a ganhar e conservar quantidades substanciais de dinheiro, todas as ferramentas do mundo lhe serão inúteis.

Repito, é uma simples questão de aritmética: "Os seus rendimentos crescem na mesma medida em que você cresce."

Felizmente, ou quem sabe infelizmente, o seu modelo de dinheiro e sucesso tenderá a permanecer com você para o resto da vida – a não ser que seja modificado e transformado. E é exatamente disso que vou continuar tratando na parte 2.

Lembre-se de que o primeiro elemento de toda mudança é a conscientização. Faça uma auto-análise, conscientize-se, observe os seus pensamentos, os seus medos, as suas crenças, os seus hábitos, as suas atitudes e a sua inação. Coloque-se sob a lente de um microscópio. Estude-se.

A maioria de nós acredita que vive uma vida baseada em escolhas, mas em geral isso não é verdade. Mesmo sendo pessoas esclarecidas, ao longo de um dia tomamos poucas decisões que refletem a consciência que temos de nós mesmos naquele momento. Na maior parte do tempo, somos como robôs: agimos no automático, dirigidos por condicionamentos passados e por velhos hábitos. É nesse ponto que entra a conscientização. A consciência observa os nossos pensamentos e as nossas ações para que vivamos das escolhas verdadeiras feitas no momento presente em lugar de sermos governados por uma programação proveniente do passado.

PRINCÍPIO DE RIQUEZA

A consciência observa os nossos pensamentos e as nossas ações para que vivamos das escolhas verdadeiras feitas no momento presente em lugar de sermos governados por uma programação proveniente do passado.

Portanto, adquirindo consciência, você poderá viver do que é hoje em vez do que foi ontem; conseguirá reagir apropriadamente às situações que se apresentam, fazendo uso de toda a gama e de todo o potencial das suas qualificações e dos seus talentos em vez de reagir de forma inadequada aos acontecimentos, impelido por medos e inseguranças do passado.

Uma vez consciente, conseguirá ver a sua programação tal como ela é: meras gravações de informações recebidas e aceitas no passado, quando você era muito jovem para conhecer algo melhor. Entenderá que esse condicionamento não é quem você é, mas quem escolheu ser; compreenderá que você não é a "gravação", e sim o "gravador"; que não é o "conteúdo" do copo, mas o próprio copo.

De fato, a genética pode ter influência nisso tudo e, é claro, os aspectos espirituais também desempenham o seu papel, porém boa parte do modelo de pessoa que você é provém das crenças e informações de outras pessoas. Como já disse, as crenças não são necessariamente verdadeiras nem falsas, nem certas nem erradas – mas, sejam ou não válidas, elas são opiniões que foram transmitidas repetidamente e, depois, passadas de geração em geração, até chegarem a você. Sabendo disso, basta renunciar de forma consciente a qualquer conceito que não o ajude a conquistar a riqueza e substituí-lo por outros que façam isso.

Como disse o meu amigo e escritor Robert G. Allen num dos meus seminários: "Nenhum pensamento mora de graça na cabeça de ninguém – todos eles são investimentos ou custos. Ou levam a pessoa na direção da felicidade e do sucesso ou a afastam dessas duas coisas – ou a fortalecem ou a enfraquecem."

Por isso é indispensável que você escolha sabiamente os seus pensamentos e as suas crenças. Conscientize-se de que eles não são quem você é, tampouco estão necessariamente ligados a você. Por mais preciosos que pareçam, não têm mais importância e significado do que aqueles que você lhes confere. *Nada tem significado, exceto aquele que nós mesmos atribuímos às coisas.*

Se o seu verdadeiro objetivo na vida é decolar rumo ao sucesso, não acredite numa só palavra que *você mesmo* disser. E, se deseja clareza instantânea, *não creia num só pensamento seu.*

Caso você seja como a maioria das pessoas, vai acreditar em algo nesse ínterim, portanto pode perfeitamente adotar para si mesmo crenças positivas, enriquecedoras. Lembre-se: pensamentos conduzem a sentimentos, que conduzem a ações, que conduzem a resultados. Você pode optar por pensar e agir como as pessoas ricas e, desse modo, conquistar resultados semelhantes aos que elas alcançam.

A questão é: como pensam e agem as pessoas ricas? É exatamente isso o que mostrarei na parte 2.

Se você quer mudar para sempre a sua vida financeira, prossiga.

DECLARAÇÃO

Observo os meus pensamentos e só alimento aqueles que me fortalecem.

Agora diga:

Eu tenho uma mente milionária!

PARTE 2

Os arquivos de riqueza

Dezessete modos de pensar e agir que distinguem os ricos das outras pessoas

Na parte 1, abordei o Processo de Manifestação. Lembre-se: pensamentos conduzem a sentimentos, sentimentos conduzem a ações e ações conduzem a resultados. Tudo tem início com os pensamentos. Não é espantoso que, embora esse poderoso mecanismo seja a base da nossa vida, a maioria de nós não faz a menor idéia de como ele funciona? Comece dando uma rápida olhada em como a sua mente trabalha. Metaforicamente falando, ela não é nada mais do que um grande armário cheio de arquivos, similar ao que você talvez tenha em casa ou no escritório. Toda informação que entra ali é etiquetada e guardada nesses arquivos de fácil acesso para ajudar na sua sobrevivência. Você percebeu? Eu não disse *prosperidade*, disse *sobrevivência*.

Em cada situação, você recorre a esses arquivos mentais para determinar a sua reação. Digamos, por exemplo, que se trate de uma oportunidade financeira. Você vai automaticamente até os arquivos que têm a etiqueta *dinheiro* e, com base neles, decide o que fazer. Os seus únicos pensamentos possíveis a respeito desse assunto são aqueles armazenados nessas pastas, ou seja, elas contêm tudo o que está guardado na sua mente sob essa categoria.

As suas decisões se fundamentam naquilo que lhe parece lógico, sensato e apropriado naquele momento. Então você faz o que acredita ser a escolha certa. O problema, no entanto, é que a escolha certa pode não ser uma escolha bem-sucedida. Na verdade, aquilo que faz total sentido para você pode produzir péssimos resultados.

Digamos que a minha mulher está no shopping center e vê uma bolsa verde em promoção com 25% de desconto. Ela se dirige imediatamente aos arquivos da sua mente com a pergunta: "Devo comprar esta bolsa?" Numa fração de segundo, eles lhe dão a resposta: "Você anda procurando uma bolsa verde para combinar com o sapato que comprou na semana passada. Além disso, esta tem o tamanho ideal. Compre-a." Ela se encaminha para o balcão sentindo-se emocionada, afinal vai comprar a linda bolsa, e também orgulhosa, pois a está adquirindo com 25% de desconto.

Na mente da minha mulher, essa compra faz total sentido. Ela quer a bolsa, acredita que precisa dela e, ainda por cima, que aquele é um "grande negócio". No entanto, em nenhum momento a sua mente encontrou o seguinte pensamento: "É verdade, esta bolsa é muito linda e, caramba, é uma verdadeira pechincha! Mas, como neste momento estou com um débito imenso no cartão de crédito, é melhor eu me segurar."

A minha mulher não se deparou com essa informação porque esse dado não está em nenhum arquivo dentro da sua cabeça. A pasta "Quando você estiver devendo, evite comprar" nunca foi armazenada na sua mente, portanto essa opção simplesmente não existe.

Percebeu? Se no seu armário só existem arquivos desfavoráveis ao sucesso financeiro, essas serão as únicas opções à sua disposição: escolhas naturais, automáticas e que farão total sentido para você, mas cujo resultado final será um problema muito maior ou, na melhor das hipóteses, alguma coisa medíocre. Inversamente, se na sua mente há arquivos favoráveis ao sucesso financeiro, você tomará, de forma natural e automática, decisões que conduzem a ele. Nem precisará refletir sobre o assunto. O seu modo normal de pensar resultará numa ação bem-sucedida da mesma forma que o modo normal de pensar de Donald Trump produz riqueza.

Não seria fantástico se você fosse naturalmente capaz de pensar como os ricos em matéria de dinheiro? Desejo muito que a sua resposta a essa pergunta tenha sido "com certeza" ou algo semelhante.

Sim, você é capaz.

Como disse anteriormente, o primeiro passo para qualquer mudança é a conscientização. Isto é, o ponto de partida para pensar da mesma forma que os ricos é saber como eles pensam.

As pessoas ricas pensam de um modo muito diferente de quem tem uma mentalidade pobre ou uma visão de classe média. Os seus pensamentos se distinguem em matéria de dinheiro, de riqueza, de si próprias, de outras pessoas e de praticamente todos os aspectos da vida. Nesta parte do livro, vou mostrar algumas dessas diferenças e, para auxiliá-lo no seu recondicionamento, instalarei na sua mente 17 "arquivos de riqueza" alternativos. Novos arquivos possibilitam novas escolhas. Eles o ajudarão a perceber quando você estiver raciocinando como um indivíduo de mentalidade pobre ou como alguém que tem uma visão de classe média e a mudar conscientemente o seu foco para o modo de pensar das pessoas ricas. Lembre-se: você pode *optar* por maneiras de pensar favoráveis à sua felicidade e ao seu sucesso e deixar de lado as formas negativas.

PRINCÍPIO DE RIQUEZA

Você pode *optar* por maneiras de pensar favoráveis à sua felicidade e ao seu sucesso e deixar de lado as formas negativas.

Antes de começar, quero fazer alguns esclarecimentos. Primeiro, não tenho a menor intenção de menosprezar quem dispõe de poucos recursos financeiros nem desejo dar a impressão de que não me sensibilizo com a sua situação. *Não considero os ricos melhores do que ninguém: eles apenas têm mais dinheiro.* Por outro lado, em alguns casos, para me assegurar de que você captará a mensagem, utilizo exemplos mais incisivos para diferenciar o modo como as pessoas pensam.

Segundo, sempre que menciono indivíduos ricos, pessoas que vivem com grandes dificuldades financeiras e indivíduos que têm uma vida apenas satisfatória no que se refere às finanças, estou me referindo unicamente à sua *mentalidade*, à sua maneira característica de pensar e agir, e não à quantidade de dinheiro que elas têm ou ao seu valor para a sociedade.

Terceiro, exponho a questão de maneira generalizada. Sei muito bem que nem todo rico, assim como nem toda pessoa que dispõe de recursos financeiros limitados ou simplesmente satisfatórios, é como apresento em alguns exemplos. Repito, o meu objetivo é destacar as diferenças entre as mentalidades para ter certeza de que você entenderá os princípios e conseguirá utilizá-los.

Quarto, de modo geral, menciono com menos freqüência a visão de classe média, porque esta costuma ser um híbrido da forma como os ricos pensam e da mentalidade pobre. O meu propósito, insisto, é que você se conscientize do lugar que ocupa na escala e raciocine como os ricos, caso queira ser um deles.

Quinto, você pode ter a impressão de que muitos princípios desta seção do livro têm mais a ver com hábitos e ações do que com formas de pensar. Lembre-se: as suas ações provêm dos seus sentimentos, que provêm dos seus pensamentos. Conseqüentemente, toda ação que conduz à riqueza é precedida de um modo de pensar que segue essa mesma direção.

Finalmente, quero que se disponha a abrir mão da idéia de que está *certo*. Ou seja, que aceite deixar de fazer as coisas do *seu* modo. Por quê? Porque a sua forma de agir fez com que você chegasse exatamente à situação em que está agora. Caso deseje um pouco mais dessa mesma experiência, continue a se conduzir à sua maneira. Mas, se ainda não enriqueceu, talvez seja hora de considerar uma alternativa indicada por alguém que tem muito dinheiro e já colocou milhares de pessoas na estrada da fortuna. A decisão é sua.

Os conceitos que ensino são simples, porém muito profundos. Eles proporcionam mudanças reais, para pessoas reais, no mundo real.

Como é que eu sei? Na minha empresa, a Peak Potentials Training, todo ano recebemos milhares de cartas e e-mails que relatam como cada um dos arquivos de riqueza modificou a vida das pessoas. Se você aprender o que são esses arquivos e usá-los, tenho absoluta confiança de que eles lhe darão a chance de transformar a sua vida também.

No fim de cada seção, apresento uma declaração e descrevo as medidas que você deve tomar para gravar esse arquivo específico de riqueza. É essencial que cada um dos arquivos seja colocado em prática o mais rápido possível na sua vida, para que o conhecimento passe a um nível físico, celular, criando uma mudança permanente e duradoura.

Quase todas as pessoas entendem que somos criaturas de hábitos. O que elas não sabem é que existem dois tipos de hábitos: os de *fazer* e os de *não fazer*. Tudo o que você *não está fazendo* neste momento você tem o *hábito* de não fazer. A única maneira de mudar isso é *fazer*. A leitura o ajudará, mas a questão é completamente diferente quando se passa da teoria à prática. Caso esteja de fato comprometido com o sucesso, prove isso executando as ações sugeridas.

Arquivo de riqueza nº 1

As pessoas ricas acreditam na seguinte idéia: "Eu crio a minha própria vida." As pessoas de mentalidade pobre acreditam na seguinte idéia: "Na minha vida, as coisas acontecem."

Se você quer enriquecer, é imperativo acreditar que está no comando da sua vida, em especial da sua vida financeira. Caso contrário, você tem uma crença enraizada de que exerce pouco ou nenhum controle sobre a sua própria vida e, conseqüentemente, de que exerce pouco ou nenhum controle sobre o seu sucesso financeiro.

Já reparou que em geral são as pessoas que têm uma situação financeira difícil as que gastam mais dinheiro com jogos lotéricos? Elas realmente acreditam que a riqueza cairá no seu colo quando as bolinhas com os seus números forem sorteadas. Às vezes passam a noite coladas na tela da televisão esperando ansiosamente pelo sorteio para ver se desta vez a fortuna finalmente lhes sorrirá.

É claro que todo mundo quer ganhar na loteria e até os ricos jogam de vez em quando para se divertir. Porém, em primeiro lugar, eles não gastam uma parte substancial dos seus rendimentos com bilhetes; em segundo lugar, essa não é a sua principal "estratégia" para fazer fortuna.

Você precisa acreditar que é você mesmo quem conquista o seu próprio êxito, que é você mesmo quem promove a sua própria mediocridade e que é você mesmo quem estabelece a sua própria batalha pelo dinheiro e pelo sucesso. Consciente ou inconscientemente, sempre se trata de você.

Em vez de assumirem a responsabilidade pelo que acontece na sua própria vida, as pessoas de mentalidade pobre preferem se colocar no papel de vítimas. Um pensamento típico de quem apresenta esse padrão é: "Pobre de mim." Assim, por força da lei da intenção, é literalmente isto o que as vítimas conseguem ser: pobres.

Repare que eu disse que elas se colocam no *papel* de vítimas. Não afirmei que são vítimas. Na minha opinião, ninguém é vítima. Creio que as pessoas adotam essa imagem por acreditarem que desse modo conseguem alguma coisa. Mais adiante examinarei essa questão com mais detalhes.

Sendo assim, como é que você sabe quando alguém está se fazendo de vítima? A resposta é: uma vítima deixa três pistas óbvias.

Pista nº 1 da vítima: a culpa é dos outros

Quando o assunto é o motivo de não serem ricas, as vítimas, na sua maioria, são especialistas no "jogo da culpa". O objetivo desse jogo é ver para quantas pessoas e circunstâncias uma vítima consegue apontar o dedo sem jamais olhar para si mesma. É algo divertido, pelo menos para ela. Infelizmente, não é assim tão legal para qualquer um que tenha a má sorte de estar ao seu lado. A razão é simples: quem está muito próximo a ela se torna um alvo fácil.

A vítima põe a culpa na economia, no governo, na bolsa de valores, nos seus corretores, no ramo de negócio em que atua, no patrão, nos empregados, no gerente, nos diretores da empresa, no serviço de atendimento ao cliente, no departamento de entregas, no marido ou na sua mulher, no sócio, em Deus e, é claro, nos pais. A culpa é sempre de outra pessoa ou de outra coisa. O problema é invariavelmente alguém ou alguma coisa, nunca ela própria.

Pista nº 2 da vítima: sempre há uma justificativa

Quando não está culpando alguém, a vítima trata de racionalizar ou justificar a sua situação dizendo algo do gênero: "O dinheiro não é assim tão importante." Eu lhe pergunto: você acha que, se disser ao seu marido ou à sua mulher, ao seu namorado ou à sua namorada, à sua sócia ou ao seu sócio que eles não são assim tão importantes, algum deles ficaria muito tempo com você? Acredito que não. Tampouco o dinheiro ficaria.

Nos meus seminários sempre há participantes que vêm me dizer: "Sabe, Harv, dinheiro não é tão importante assim." Eu os olho diretamente nos olhos e respondo: “Você está sem dinheiro?” Em geral eles desviam o olhar para os próprios pés e respondem, cabisbaixos, qualquer coisa como: “Bem, neste momento estou com alguns problemas financeiros, mas...” Eu digo então: “O problema não é neste momento, você sempre esteve na pindaíba ou muito perto disso, não é mesmo?” A essa altura eles geralmente balançam a cabeça concordando e retornam pesarosamente aos seus lugares, dispostos a escutar e aprender, percebendo por fim o resultado desastroso que esse pensamento tem ou teve sobre a sua vida.

É evidente que essas pessoas estão enfrentando grandes dificuldades financeiras. Você possuiria uma motocicleta se ela não fosse importante para você? É claro que não. Teria um papagaio de estimação se ele não fosse importante para você? Obviamente, não. Da mesma forma, se, na sua opinião, o dinheiro não é tão importante assim, você simplesmente não terá nenhum.

Vou explicar algo sem meias palavras: toda pessoa que diz que dinheiro não é importante não tem dinheiro nenhum. Os ricos entendem a importância do dinheiro e o lugar que ele ocupa na sociedade. Quem tem a mentalidade pobre, por sua vez, valida a sua própria inépcia financeira com comparações irrelevantes. Afirma: “O dinheiro não é mais importante do que o amor.” Ora, essa é uma comparação equivocada. O que é mais importante: o seu braço ou a sua perna? É óbvio que ambos têm importância.

O dinheiro é essencial nas áreas em que produz resultados e insignificante nos campos em que não tem utilidade. E, embora o amor possa fazer o mundo girar, esse sentimento certamente não paga a construção de hospitais, igrejas e casas. E também não enche a barriga de ninguém.

PRINCÍPIO DE RIQUEZA

O dinheiro é extremamente importante nas áreas em que produz resultados e insignificante nos campos em que não tem utilidade.

Nenhum rico acredita que o dinheiro não é importante. E, caso eu não tenha sido convincente o bastante e você ainda pense que, de alguma forma, o dinheiro é insignificante, você não deve ir bem financeiramente e continuará assim enquanto não erradicar esse arquivo negativo do seu modelo de dinheiro.

Pista nº 3 da vítima: viver se queixando

Queixar-se é a pior coisa que alguém pode fazer por sua saúde e riqueza. A pior mesmo. Por quê?

Acredito piamente na lei universal que diz: "Aquilo que focalizamos se expande." Quando você se queixa, no que está se concentrando: naquilo que está certo ou no que está errado na sua vida? Obviamente, está dando destaque ao que está errado. E, uma vez que aquilo que é focalizado se expande, você só receberá mais do que está indo mal.

Muitos professores da área do desenvolvimento pessoal falam sobre a lei da atração. Ela diz que "os iguais se atraem" – isso quer dizer que, quando alguém reclama, está na realidade atraindo coisas ruins para a sua vida.

PRINCÍPIO DE RIQUEZA

A pessoa que se queixa torna-se um "ímã de coisas ruins" vivo e pulsante.

Você já reparou como costuma ser difícil a vida das pessoas que vivem se lamentando? Parece que tudo o que pode dar errado lhes acontece. Elas dizem: "É claro que eu reclamo – olha só como minha vida é uma droga." Agora que você já sabe mais sobre esse assunto, poderá explicar: "Não: é exatamente porque você se queixa que a sua vida é uma droga."

Isso remete a outro ponto. Você tem que fazer questão absoluta de não ficar na companhia de pessoas que vivem reclamando. Se tiver uma grande necessidade de estar perto de uma delas, não se esqueça de se proteger com um guarda-chuva de aço, do contrário a coisa ruim que era destinada a ela vai cair em cima de você também.

Eu procuro ficar tão distante quanto possível de quem reclama porque a energia negativa é contagiosa. Muitas pessoas, porém, adoram se aproximar dos resmungões e ouvi-los. Por quê? Por um motivo simples: elas estão esperando a sua vez de se queixar. "E você acha que isso é horrível? Espere só até ouvir o que aconteceu comigo."

Vou lhe passar um dever de casa e prometo que ele lhe dará uma grande oportunidade de mudar a sua vida. Eu o desafio a não reclamar de nada durante os próximos sete dias. E não apenas em voz alta, na sua cabeça também. Porém você terá que fazer isso nos próximos sete dias inteirinhos. Por quê? Porque durante os primeiros dias talvez você ainda receba alguma coisa ruim "residual" do passado. Por isso pode demorar um pouco para ela se dissipar.

Desafiei milhares de pessoas a fazer esse pequeno exercício e fiquei admirado com a quantidade de gente que me disse depois que ele transformou as suas vidas. Garanto que a sua vida também se tornará surpreendente quando você parar de se concentrar nas coisas negativas – e de atraí-las, portanto. Se você costuma se lamentar, esqueça por enquanto a idéia de atrair o sucesso – para a maioria das pessoas, atingir o "ponto morto" já é um grande começo.

A atitude de culpar os outros, justificar-se e queixar-se tem o mesmo efeito das pílulas. Só serve para reduzir o estresse. Alivia a tensão do fracasso. Pense nisso. Se a pessoa não estivesse sendo malsucedida de algum modo, ela precisaria responsabilizar alguém, arranjar uma justificativa para isso ou reclamar? A resposta óbvia é: não.

De hoje em diante, quando você se vir culpando os outros, se justificando ou se queixando, pare imediatamente. Lembre-se de que você está criando a sua vida e atraindo para ela, a todo momento, o sucesso ou algo negativo. É fundamental que escolha cuidadosamente os seus pensamentos e as suas palavras.

Agora você está pronto para escutar um dos maiores segredos do mundo: *não existem vítimas verdadeiramente ricas.* Entendeu bem?

Afinal, quem ouviria as suas queixas? "Ai, ai, o meu iate está arranhado." Diante disso, qualquer um responderia: "E daí?"

PRINCÍPIO DE RIQUEZA

Não existem vítimas verdadeiramente ricas.

Por outro lado, ser vítima tem as suas recompensas. O que as pessoas ganham se colocando nesse papel? A resposta é: *atenção*. Isso é importante? Com toda a certeza. De uma forma ou de outra, atenção é tudo o que a maioria das pessoas almeja. E o que faz com que elas vivam em busca de atenção é o fato de cometerem um grande erro – o mesmo que quase todos nós já cometemos: confundir atenção com amor.

Acredite: é praticamente impossível ser feliz e bem-sucedido quando se está o tempo todo precisando de atenção. Por causa dessa necessidade, quem está sempre querendo agradar para conseguir aprovação costuma ficar à mercê dos outros. A busca por atenção causa mais um problema: a pessoa tende a fazer coisas idiotas para consegui-la. É essencial dissociar a atenção do amor por vários motivos.

Primeiro, a pessoa fará mais sucesso; segundo, será mais feliz; terceiro, poderá encontrar amor verdadeiro na sua vida. Na maior parte dos casos, aqueles que confundem amor com atenção não se amam no sentido genuinamente espiritual da palavra, e sim, em larga medida, a partir do seu próprio ego, como na frase "eu amo tudo o que você faz por mim". Conseqüentemente, o relacionamento diz respeito apenas ao próprio indivíduo, não à outra pessoa ou, pelo menos, às duas.

Dissociando a atenção do amor, a pessoa se liberta para amar o outro pelo que ele é, e não pelo que ele faz para ela.

Como já disse, uma vítima verdadeiramente rica não existe. Assim, para poder continuar nesse papel, quem está em busca de atenção faz questão absoluta de nunca enriquecer de verdade.

É hora de decidir. Você pode ser uma vítima *ou* alguém rico, jamais as duas coisas ao mesmo tempo. Preste atenção: *toda vez* que você culpar alguém, se justificar ou se queixar, estará *se degolando em termos financeiros.*

É hora de resgatar o seu poder e reconhecer que você cria tudo o que existe e o que não existe na sua vida. Observe que você produz a sua riqueza, a sua falta de riqueza e todas as possibilidades que estão no meio do caminho.

DECLARAÇÃO

Eu mesmo crio o meu próprio grau de sucesso financeiro.
Eu tenho uma mente milionária!

AÇÕES DA MENTE MILIONÁRIA

1. Toda vez que você se vir culpando alguém, se justificando ou se queixando, passe o dedo indicador na frente da sua garganta no sentido horizontal para se lembrar de que esse comportamento pode vir a causar a sua degola financeira. Embora esse gesto pareça rude, ele não é pior do que o mal que você faz a si próprio ao responsabilizar as pessoas, se justificar e reclamar, e o ajudará a se livrar desses hábitos destrutivos.

2. Faça um "controle". Ao final de cada dia, liste por escrito um fato que tenha sido positivo e outro que tenha sido negativo. Depois, escreva a resposta para a seguinte pergunta: "Como eu criei cada uma dessas situações?" Se houver outras pessoas envolvidas, responda: "Qual foi o meu papel na criação de cada uma dessas situações?" Esse exercício o manterá responsável por sua vida e consciente das estratégias que estão funcionando a seu favor e das que estão contra você.

Arquivo de riqueza nº 2

As pessoas ricas entram no jogo do dinheiro para ganhar. As pessoas de mentalidade pobre entram no jogo do dinheiro para *não perder*.

As pessoas de mentalidade pobre jogam o jogo do dinheiro na defensiva. Responda: se você fosse disputar uma partida de um esporte qualquer usando uma tática estritamente defensiva, quais seriam as suas chances de vencer? Muita gente concordaria que pouca ou nenhuma.

No entanto, é assim que a maioria das pessoas joga o jogo do dinheiro. A sua principal preocupação é a sobrevivência e a segurança, e não a conquista de riqueza e abundância. Então, qual é a sua meta, seu objetivo, sua real intenção?

A meta das pessoas verdadeiramente ricas é ter grande fortuna e abundância. Não apenas algum dinheiro, mas muito dinheiro. E qual é o objetivo das pessoas de mentalidade pobre? Ter "dinheiro suficiente para pagar as contas... em dia, já seria um milagre!" Deixe-me falar uma vez mais sobre o poder da intenção. Se o que você pretende é possuir apenas o bastante para cobrir as despesas, é exatamente isso o que conseguirá – nem um único centavo a mais.

As pessoas que têm uma visão de classe média dão pelo menos um passo além, pena que seja um passo muito pequeno. O seu grande objetivo na vida é igual à palavra de que mais gostam neste mundo: "conforto", e tudo o que desejam é um pouco mais disso. Odeio ter que lhe dar esta notícia, porém existe uma imensa diferença entre ter algum conforto e ser rico.

Devo admitir que nem sempre eu soube disso. Mas um dos motivos pelos quais me considero no direito de escrever este livro é o fato de ter experimentado os três níveis de situação financeira. Houve uma fase em que estive completamente quebrado – cheguei a pedir US$ 1 emprestado para abastecer o carro. Mas isso não foi tudo. Primeiro, o carro não era meu. Segundo, esse dólar veio na forma de quatro moedas. Você faz idéia de como é constrangedor para um adulto ter que pagar gasolina com moedas? O frentista me olhou como se eu fosse um ladrão de cofrinho de criança e apenas sorriu, balançando a cabeça. Não sei se dá para imaginar, mas esse foi um dos meus momentos financeiros mais baixos e, infelizmente, apenas um deles.

Depois que me estruturei, passei ao nível de *ter conforto*. Isso é bom. Pelo menos dá para variar indo a restaurantes melhores. Mas o máximo que eu podia pedir ali era frango. Não há nada de errado com o frango, se esse é o prato que a pessoa realmente quer. Porém, muitas vezes não é.

Na verdade, quem está numa situação apenas confortável do ponto de vista financeiro geralmente escolhe o prato consultando a coluna à direita no cardápio – o lado do preço.

A questão se resume ao seguinte: se o seu objetivo é ter algum conforto, é provável que você nunca fique rico. Mas, caso a sua meta seja enriquecer, é provável que você alcance uma situação ricamente confortável.

PRINCÍPIO DE RIQUEZA

Se o seu objetivo é ter algum conforto, é provável que você nunca fique rico. Mas, caso a sua meta seja enriquecer, é provável que você alcance uma situação ricamente confortável.

Um dos princípios que ensino nos seminários é: "Se você atirar nas estrelas, atingirá pelo menos a Lua." As pessoas de mentalidade pobre não atiram nem no teto da sua própria casa e, depois, ficam se perguntando por que não acertaram em nada. Bem, você acaba de descobrir por quê. Só conseguimos aquilo que verdadeiramente almejamos. Se você quer ficar rico, a sua meta tem que ser essa, e não a de ter apenas o suficiente para pagar as contas ou para desfrutar de algum conforto.

DECLARAÇÃO

A minha meta é ficar milionário e mais ainda.
Eu tenho uma mente milionária!

AÇÕES DA MENTE MILIONÁRIA

1. Liste, por escrito, dois objetivos financeiros que demonstrem a sua intenção de criar abundância, e não mediocridade ou pobreza. Relacione metas do tipo "jogar para ganhar" em termos de:
   a. rendimento anual
   b. patrimônio líquido

   Torne essas metas possíveis dentro de um prazo realista, mas lembre-se também de "atirar nas estrelas".

2. Vá a um restaurante sofisticado e peça um prato caro sem perguntar quanto custa. (Se a grana estiver curta, é aceitável dividir.)

   Obs.: Frango não vale.

Arquivo de riqueza nº 3

As pessoas ricas assumem o compromisso de serem ricas. As pessoas de mentalidade pobre gostariam de ser ricas.

Pergunte às pessoas se elas querem ser ricas. A maioria delas vai pensar que você é doido. "É claro que sim", dirão. A verdade, porém, é que quase todas elas não desejam enriquecer. Por quê? Porque têm no seu subconsciente muitos arquivos de riqueza negativos que lhes dizem que há algo errado em ser rico.

No Seminário Intensivo da Mente Milionária, uma das perguntas que faço é: quais são algumas das possíveis desvantagens de ser rico ou de tentar ser rico?

Veja o que os participantes costumam dizer e verifique se alguma das respostas tem a ver com o que você pensa a respeito dessa questão.

"E se eu me der bem e perder tudo? Aí serei realmente um fracassado."

"Nunca vou saber se as pessoas gostam de mim por mim mesmo ou pelo meu dinheiro."

"Vou cair na faixa mais alta do imposto de renda e ter que dar metade do meu dinheiro ao governo."

"Dá muito trabalho."

"O esforço pode acabar com a minha saúde."

"Os meus amigos e a minha família vão me criticar, dizendo: 'Quem você pensa que é?'"

"Todo mundo vai me pedir uma ajudinha."

"Eu poderia ser roubado."

"Os meus filhos poderiam ser seqüestrados."

"É uma responsabilidade muito grande. Terei que administrar rios de dinheiro. Precisarei entender tudo de investimentos. Vou ter que me preocupar com estratégias fiscais e proteção de ativos e contratar contadores e advogados caros. Ai, que coisa chata!"

E por aí vai.

Como mencionei anteriormente, cada um de nós tem arquivos de riqueza dentro do armário chamado mente. Esses arquivos contêm as nossas crenças pessoais, uma das quais é a de que ser rico é maravilhoso. No entanto, no caso de muita gente, nessas pastas estão também informações que dizem que ser rico talvez não seja tão espetacular assim. Ou seja, essas pessoas têm mensagens internas contraditórias a respeito da riqueza. Uma parte desses registros afirma, radiante: "Ter mais dinheiro tornaria a minha vida muito mais divertida." Mas outra parte grita: "É, mas vou ter que me matar de trabalhar! Qual é a graça, então?" Uma parte diz: "Vou poder viajar pelo mundo inteiro." E outra destaca: "É, mas todos vão querer uma ajudinha." Essas contradições podem parecer inocentes, mas, na realidade, são alguns dos principais motivos pelos quais a maioria das pessoas nunca enriquece.

Podemos considerar a questão da seguinte maneira. O universo (outra forma de dizer "força superior"), que está ligado a um grande departamento de pedidos via correio, está o tempo todo lhe enviando acontecimentos, pessoas e coisas. Você "pede" (e recebe) aquilo que deseja encaminhando-lhe mensagens cheias de energia baseadas nas suas crenças dominantes. Por força da lei da atração, o universo faz o que está ao seu alcance para dizer sim e atende aos seus desejos. Mas, se você tem mensagens contraditórias nos seus arquivos de riqueza, ele não compreende o que você quer.

Em determinado momento, o universo ouve que você deseja enriquecer e começa a lhe enviar oportunidades para que alcance o seu objetivo. Depois, porém, ele o escuta dizer "Os ricos são gananciosos" e começa a ajudá-lo a não ganhar muito dinheiro. Em seguida, você pensa: "Ser rico tornaria a minha vida muito mais interessante", e o universo, perplexo e confuso, recomeça a lhe mandar chances de ganhar mais dinheiro. No dia seguinte, você não está de bom humor e pensa: "O dinheiro não é tão importante assim." Frustrado, o universo grita: "Dá um jeito nessa sua cabeça. Eu lhe darei o que você quiser, mas me diga o que é!"

O principal motivo que impede a maioria das pessoas de conseguir o que quer é não saber o que quer. Os ricos não têm nenhuma dúvida de que almejam fazer fortuna. São inabaláveis no seu desejo e totalmente comprometidos com a criação da riqueza. Farão *tudo* o que for legal, moral e ético para concretizar a sua meta. Eles não enviam mensagens contraditórias ao universo. As pessoas de mentalidade pobre, sim.

(Por falar nisso: se, enquanto você estava lendo o parágrafo anterior, uma voz interna lhe disse algo do gênero "Os ricos não estão nem aí para a legalidade, a moralidade e a ética", você está definitivamente fazendo a coisa certa lendo este livro. Mais adiante, vou mostrar como esse modo de pensar é nocivo.)

PRINCÍPIO DE RIQUEZA

O principal motivo que impede a maioria das pessoas de conseguir o que quer é não saber o que quer.

As pessoas de mentalidade pobre apontam uma série de motivos para explicar por que enriquecer e ser rico pode ser um problema. Conseqüentemente, elas nunca estão 100% certas de que querem fazer fortuna. As mensagens que enviam ao universo são contraditórias, assim como aquelas que transmitem aos outros. E por que toda essa confusão? Porque as mensagens que elas mandam para si mesmas também são incoerentes.

Já falei sobre o poder da intenção. Sei que é difícil acreditar, mas você sempre consegue o que quer – aquilo que você deseja *no seu subconsciente*, e não o que você *diz* querer. Talvez você negue isso enfaticamente: "Está louco? Por que motivo eu ia querer continuar me matando de trabalhar?" Respondo-lhe exatamente com a mesma pergunta: "Não sei. Por que razão você haveria de querer continuar se matando de trabalhar?"

Se você não está obtendo a riqueza que diz desejar, há uma grande probabilidade de que seja porque, primeiro, no seu subconsciente, você não a almeja de verdade; segundo, você não está disposto a fazer o que é necessário para consegui-la.

Vou explorar um pouco mais essa questão. O querer tem três níveis. O primeiro é: "Eu *quero* ser rico." Essa é outra forma de dizer: "Pegarei tudo o que cair no meu colo." Mas querer somente não basta. Você nunca notou que "querer" nem sempre conduz a "ter"? Observe também que querer e não ter cria mais querer. Querer torna-se um hábito que só leva a ele mesmo, um círculo vicioso que não chega a lugar nenhum. A riqueza não resulta simplesmente do fato de a pessoa desejar possuí-la. Como eu sei disso? Basta observar a realidade: bilhões de indivíduos *querem* ser ricos, mas relativamente poucos são.

O segundo nível do querer é: "Eu *escolho* ser rico." Isso implica a decisão de ficar rico. A escolha tem uma energia muito forte e anda de mãos dadas com a responsabilidade que a pessoa tem de criar a sua própria realidade. A palavra *decisão* vem do latim *decidere*, que equivale a "eliminar todas as outras alternativas". Escolher é muito bom, mas ainda não é o melhor.

O terceiro nível do querer é: "Eu *me comprometo* a ser rico." O significado de *comprometer-se* é "dedicar-se sem restrições", o que exige não se refrear e dar 100% de tudo o que se tem para obter riqueza. Isso requer disposição para fazer o que for necessário durante o tempo que for preciso. É o caminho do guerreiro. Nenhuma desculpa, nenhum *se*, nenhum *mas*, nenhum *talvez* – e o fracasso não é uma opção. O caminho do guerreiro é simples: "Serei rico ou morrerei tentando."

"Eu me comprometo a ser rico." Experimente dizer isso a si mesmo. O que você sente? Há quem experimente uma sensação de força e há quem tenha uma sensação de medo.

As pessoas, na sua maioria, jamais se comprometeriam a ser ricas. Se alguém lhes perguntasse: "Vocês apostariam a sua vida que farão fortuna nos próximos 10 anos?" Quase todas elas diriam: "Nem pensar!" Essa é a diferença entre quem tem muito dinheiro e os indivíduos de mentalidade pobre. É por não se comprometerem de verdade a se tornarem ricos que estes últimos não o são e provavelmente jamais o serão.

Alguém entre eles poderia dizer: "Harv, não sei do que você está falando. Eu trabalho duro o ano inteiro, faço o possível, de todas as formas. É claro que estou comprometido com o objetivo de enriquecer." E eu responderia que tentar não é suficiente. A definição de *comprometer-se* é dedicar-se incondicionalmente.

A palavra-chave é: *incondicionalmente*. Ela mostra que você está dando tudo, e quero dizer tudo mesmo, o que tem para conseguir ser rico. Muitas das pessoas financeiramente empacadas que conheço têm um limite quanto ao que estão dispostas a fazer, ao que aceitam arriscar e ao que admitem sacrificar. Embora se digam prontas para fazer tudo o que for necessário, eu sempre descubro, quando as questiono profundamente, que elas impõem uma série de condições em relação ao que estão ou não dispostas a realizar para terem sucesso.

Detesto ter que lhe dizer isso, mas ficar rico não é um passeio no bosque. E, se alguém disser que é, ou essa pessoa sabe muito mais do que eu ou não é sincera. A minha experiência diz que enriquecer exige foco, coragem, conhecimento, especialização, 100% de dedicação, atitude de não desistir jamais e, é claro, programação mental de pessoa rica. Você precisa também acreditar piamente que pode conquistar a riqueza e que de fato a merece. Repito: o significado de tudo isso é que, se você não estiver verdadeira e plenamente determinado a fazer fortuna, o mais provável é que não a obtenha mesmo.

PRINCÍPIO DE RIQUEZA

Se você não está verdadeira e plenamente determinado a fazer fortuna, o mais provável é que não a obtenha mesmo.

Você está disposto a trabalhar 16 horas por dia? As pessoas ricas estão. Concorda em trabalhar sete dias por semana e abrir mão da maior parte dos seus fins de semana? As pessoas ricas, sim. Admite sacrificar o seu tempo com a família e os amigos e se privar das suas diversões e dos seus hobbies? As pessoas ricas fazem isso. Aceita arriscar todo o seu tempo, toda a sua energia e todo o seu capital inicial sem nenhuma garantia de retorno? As pessoas ricas correm esse risco.

Elas estão preparadas para agir assim e dispostas a fazer tudo isso durante um tempo que pode ser curto ou bastante longo. E você, está pronto para essa realidade?

Com sorte, não terá que trabalhar muito tempo, nem muito, nem sacrificar nada. Desejar é de graça, porém eu não contaria com isso.

No entanto, é interessante notar que, uma vez que você se comprometa, o universo se apressará em ajudá-lo. Um dos meus textos favoritos, escrito pelo explorador W. H. Murray numa das suas primeiras expedições ao Himalaia, diz o seguinte:

> "Até que se esteja comprometido, sobrevém a hesitação, a possibilidade de recuar, uma ineficiência permanente. Todo ato de iniciativa (e criação) responde a uma única verdade elementar, e desconhecê-la mata incontáveis idéias e esplêndidos planos: a partir do momento em que o indivíduo se compromete definitivamente, a Providência se move junto com ele. Toda uma cadeia de eventos emana da decisão do indivíduo, levando a seu favor todos os tipos de imprevistos, encontros e assistência material que ninguém jamais sonharia que pudessem ocorrer dessa maneira."

Em outras palavras, o universo ajudará, guiará, apoiará e fará até milagres a seu favor. Mas, primeiro, você tem que se comprometer.

DECLARAÇÃO

Eu me comprometo a ser rico.

Eu tenho uma mente milionária!

AÇÕES DA MENTE MILIONÁRIA

1. Escreva um pequeno parágrafo sobre o motivo exato pelo qual enriquecer é importante para você. Seja específico.

2. Procure um amigo ou parente que esteja disposto a ajudá-lo. Diga a ele que você quer conquistar o máximo de sucesso invocando o poder do compromisso. Olhe nos olhos dessa pessoa e repita as seguintes palavras:
   "Eu, ______ [o seu nome], por meio desta declaração, me comprometo a ser milionário ou mais ainda em ____ [data]."
   Peça ao seu parceiro que diga: "Eu acredito em você."
   Depois diga: "Muito obrigado."

   Obs.: Observe como você se sentia antes e como se sente depois de firmar o seu compromisso. Se a sensação é de liberdade, você está no caminho certo. Caso tenha sentido uma pontada de medo, continua no caminho certo. Mas, se não significou nada, é porque você ainda está no padrão "Não estou disposto a fazer tudo o que for necessário" ou no padrão "Não preciso de nenhuma dessas bobagens". Seja como for, não se esqueça de que o *seu* padrão o levou exatamente ao ponto onde você está neste momento.

Arquivo de riqueza nº 4

As pessoas ricas pensam grande.
As pessoas de mentalidade pobre pensam pequeno.

Num dos seminários havia um professor-instrutor que aumentara o seu patrimônio líquido de US$ 250 mil para US$ 6 milhões em apenas três anos. Quando lhe perguntei qual o seu segredo, ele disse: "Tudo mudou a partir do momento em que comecei a pensar grande." Considere a lei dos rendimentos: "A sua remuneração se dará na proporção direta do valor que você agregar, de acordo com o mercado."

PRINCÍPIO DE RIQUEZA

Lei dos rendimentos: "A sua remuneração se dará na proporção direta do valor que você agregar, de acordo com o mercado."

A palavra-chave é *valor*. E é importante conhecer os quatro fatores que determinam o seu valor no mercado: *oferta*, *demanda*, *qualidade* e *quantidade*. A minha experiência diz que o fator que representa o maior desafio para a maioria das pessoas é a quantidade. Ele corresponde simplesmente a: quanto do seu valor você realmente agrega ao mercado?

Outra maneira de dizer isso é: quantas pessoas você atende ou atinge?

No meu negócio, por exemplo, há instrutores que preferem ensinar a pequenos grupos de 20 pessoas de uma vez, outros que se sentem confortáveis com 100 ouvintes na sala, outros que gostam de um público de 500 participantes e outros ainda que adoram platéias de mil a 5 mil pessoas ou mais. Há diferença de rendimento entre esses instrutores? Pode acreditar que sim.

No começo deste livro mencionei que fui proprietário de uma cadeia de lojas de equipamentos de ginástica. A partir do momento em que pensei entrar nesse ramo, a minha intenção era ter 100 lojas bem-sucedidas e atender milhares de clientes. A minha concorrente, que começou seis meses depois de mim, tinha a meta de possuir uma única loja de sucesso.

Como você quer viver? Como deseja jogar o jogo? Prefere pensar grande ou pequeno? A escolha é sua.

A maioria das pessoas escolhe pensar pequeno. Por quê? Primeiro, por causa do medo. Elas morrem de medo do fracasso e também do sucesso. Segundo, porque se sentem inferiores e não merecedoras. Não se consideram suficientemente importantes ou capazes de fazer uma real diferença na vida de alguém.

Mas preste atenção: a nossa vida não diz respeito somente a nós. Diz respeito também a contribuir para a vida dos outros. Diz respeito a ser fiel à nossa missão e à nossa razão de estarmos neste mundo neste momento. Diz respeito a acrescentarmos a nossa peça ao quebra-cabeça do planeta. A maioria das pessoas está tão presa ao seu próprio ego que pensa: "Tudo gira em volta de mim, de mim e de mim." No entanto, se você quer ser rico no verdadeiro sentido da palavra, isso não pode se limitar a você. Tem que incluir o valor que você acrescenta à vida dos outros.

Buckminster Fuller, um dos maiores inventores e filósofos da nossa época, disse: "O propósito da nossa vida é acrescentar valor à vida das pessoas desta geração e das gerações seguintes."

Cada um de nós veio ao mundo com certos talentos naturais, habilidades específicas. Esses dons nos foram dados por uma razão: usá-los e compartilhá-los. Pesquisas mostram que os indivíduos mais felizes são aqueles que exploram ao máximo esses talentos. Parte da nossa missão na vida deve ser, portanto, partilhar os talentos e o valor que temos com o maior número possível de pessoas. Isso requer estar disposto a pensar grande.

Você conhece a definição de empresário? A minha é: "Uma pessoa que lucra solucionando problemas alheios." Exatamente. Um empresário não é nada mais do que alguém que soluciona problemas.

Eu lhe pergunto: você prefere resolver problemas de mais pessoas ou de menos pessoas? Se respondeu mais, você precisa começar a pensar grande e decidir ajudar um grande número de pessoas – milhares, milhões até. O efeito disso é que, quanto mais gente você auxiliar, mais "rico" ficará nos planos mental, emocional, espiritual e, por fim, financeiro.

Não se iluda: neste mundo todos nós temos uma missão. Há uma razão para você estar vivendo neste exato momento. No livro *Fernão Capelo Gaivota*, de Richard Bach, a certa altura o personagem pergunta: "Como vou saber se completei a minha missão?" A resposta: "Se você ainda respira, é porque ela ainda não terminou."

O que tenho testemunhado é muita gente deixando de fazer o seu trabalho, de cumprir a sua *obrigação*, ou *dharma*, como é chamada em sânscrito. O que vejo é muita gente pensando pequeno demais e muita gente se deixando guiar por egos moldados pelo medo. O resultado é muita gente abrindo mão de viver à altura do seu potencial, tanto em termos da própria vida quanto da sua contribuição para os outros.

Tudo se resume ao seguinte: se não for você, quem será?

Volto a dizer: cada um de nós tem um propósito exclusivo na vida. Suponha que você seja um investidor que compra imóveis para alugá-los e ganhar dinheiro com o fluxo de caixa e a valorização. Que ajuda você está prestando? Você agrega valor à sua comunidade auxiliando famílias a encontrar casas confortáveis que, de outra forma, elas talvez não chegassem a conhecer. Mas a questão é: a quantas famílias e pessoas você pode dar a sua contribuição? A sua intenção é ajudar 10 em vez de uma, 20 em vez de 10, 100 em vez de 20? É isso o que eu quero dizer com pensar grande.

Em *Um retorno ao amor*, a escritora Marianne Williamson expôs a questão da seguinte maneira:

> "Você é filho de Deus. Viver de modo pequeno não serve ao mundo. Não há nada de iluminado em se esconder para que as

pessoas não se sintam inseguras ao seu redor. Todos nós fomos feitos para brilhar, como as crianças. Nascemos para tornar manifesta a glória de Deus que está dentro de nós. Não apenas de algumas pessoas, mas de todas. Quando deixamos a nossa luz brilhar, inconscientemente damos permissão aos outros para fazerem o mesmo. No momento em que nos libertamos do nosso próprio medo, a nossa presença liberta automaticamente outras pessoas."

O mundo não precisa de mais gente que viva de modo pequeno. É hora de parar de se esconder e ir à luta. É hora de parar de necessitar e passar a conduzir. É hora de começar a compartilhar os seus talentos em vez de escondê-los ou fingir que eles não existem. É hora de dar início ao jogo da vida em grande estilo.

No fim, pensar e agir pequeno só leva a uma vida de sacrifícios e insatisfação. Pensar grande e agir grande permite possuir dinheiro e uma vida com sentido. A escolha é sua.

DECLARAÇÃO

Eu penso grande. Escolho ajudar milhares de pessoas.
Eu tenho uma mente milionária!

AÇÕES DA MENTE MILIONÁRIA

1. Liste, por escrito, o que você acredita serem os seus talentos naturais – as coisas em que você sempre se destacou. Descreva também como e em que você pode usar mais esses talentos, especialmente na sua vida profissional.

2. Escreva ou faça uma sessão de brainstorm com um grupo de pessoas sobre como você pode resolver problemas de um número de pessoas 10 vezes maior do que o que você atinge com o seu trabalho ou negócio atual. Proponha pelo menos três estratégias. Pense em "alavancagem".

Arquivo de riqueza nº 5

As pessoas ricas focalizam oportunidades.
As pessoas de mentalidade pobre focalizam obstáculos.

As pessoas ricas vêem oportunidades. As pessoas de mentalidade pobre identificam obstáculos. As pessoas ricas reconhecem o potencial de crescimento. As pessoas de mentalidade pobre consideram o potencial de perda. As pessoas ricas focalizam a remuneração. As pessoas de mentalidade pobre concentram-se no risco.

Tudo se resume à velha questão: "O copo está meio vazio ou meio cheio?" Não estou falando de pensamento positivo, estou me referindo à sua perspectiva habitual do mundo. Grande parte das pessoas de mentalidade pobre toma decisões inspirada pelo medo. A sua mente está o tempo todo à procura do que está ou pode dar errado em qualquer situação. A sua programação mental primordial é: "E se não der certo?" Ou, mais freqüentemente: "Isso não vai dar certo."

Quem possui uma visão de classe média é ligeiramente mais otimista. A sua programação mental é: "Espero que dê certo."

Os ricos, como já disse, assumem a responsabilidade pelos resultados da sua vida e agem segundo a programação mental "Vai dar certo porque eu farei com que dê certo".

Eles esperam ser bem-sucedidos. Têm confiança na sua capacidade e criatividade e acreditam que, se alguma coisa falhar, vão descobrir outro jeito de obter sucesso.

De modo geral, quanto maior a recompensa, maior o risco. Por verem oportunidades o tempo todo, as pessoas ricas estão dispostas a arriscar. Elas acreditam que conseguirão recuperar o seu dinheiro caso a vaca vá para o brejo.

A expectativa das pessoas de mentalidade pobre, ao contrário, é fracassar. Elas não têm confiança em si mesmas nem na sua capacidade. Estão certas de que, se não forem bem-sucedidas nas suas ações, será uma catástrofe. E, como só vêem obstáculos, geralmente não estão dispostas a correr riscos. Sem risco, não há recompensa.

É bom lembrar que estar aberto a aceitar riscos não corresponde necessariamente a estar disposto a perder. As pessoas ricas correm riscos *calculados*. Isso quer dizer que elas pesquisam, realizam as análises necessárias e tomam decisões baseadas em fatos e informações sólidas. Mas será que passam a vida inteira se informando? Não. Elas fazem o que está ao seu alcance, no menor tempo possível, e tomam a decisão calculada de ir à luta ou não.

Embora digam estar se preparando para uma oportunidade, o que as pessoas de mentalidade pobre geralmente fazem é marcar passo. Morrendo de medo, levam semanas, meses e até mesmo anos a fio pensando no que fazer e, quando decidem, a oportunidade já desapareceu. Então elas se justificam dizendo: "Eu estava me preparando." Com certeza, mas, enquanto se preparavam, o sujeito rico entrou em cena, saiu de cena e ganhou mais uma fortuna.

Sei que pode parecer estranho o que vou dizer, considerando quanto valorizo a responsabilidade do indivíduo para consigo mesmo. Realmente acredito que o que as pessoas chamam de sorte está associado ao enriquecimento e ao sucesso em qualquer campo.

No futebol, um time pode ganhar o jogo porque o goleiro da outra equipe engole um frango faltando menos de um minuto para o fim da partida. No golfe, pode ser uma tacada mal dada que bate numa árvore e volta para o *green* a 10cm do buraco.

No mundo dos negócios, você já deve ter ouvido falar de alguém que aplicou dinheiro num terreno da periferia e 10 anos depois surgiu um conglomerado que decidiu construir ali um shopping center ou um edifício de escritórios. Esse investidor ficou rico. Terá sido uma brilhante jogada comercial ou pura sorte? O meu palpite é: um pouco das duas coisas.

A questão, porém, é que a sorte – ou qualquer coisa do gênero – não cruzará o seu caminho se você não executar uma *ação*. Para ter sucesso financeiro, primeiro é necessário que você faça algo, compre algo ou comece algo. E depois disso? Terá sido a sorte, o universo ou um poder superior que o terá ajudado com um milagre por sua coragem e por seu compromisso de ir à luta? Na minha opinião, tanto faz. Apenas acontece.

Outro princípio-chave pertinente nesse caso é: as pessoas ricas focalizam o que elas querem, enquanto as que têm uma mentalidade pobre concentram-se no que *não* querem. Repetindo, a lei universal diz: "Aquilo que você focaliza se expande." Como os ricos estão sempre voltados para as oportunidades, elas chovem na sua vida. O seu maior problema é administrar todas as chances de ganhar dinheiro que aparecem à sua frente. No caso das pessoas de mentalidade pobre, que, por outro lado, estão sempre enfatizando os obstáculos, eles se multiplicam ao seu redor. O seu maior problema é como se livrar de tantos problemas.

A questão é simples. O seu campo focal determina o que você encontrará na vida. Concentre-se nas oportunidades e verá oportunidades. Atenha-se aos obstáculos e terá obstáculos. Não estou lhe dizendo para não tomar cuidado com os problemas. Trate deles à medida que forem aparecendo, no momento presente. Mas mantenha os olhos postos nas suas metas, permaneça em movimento rumo aos seus objetivos. Dedique o seu tempo e a sua energia a conquistar aquilo que você quer. Quando surgirem dificuldades, supere-as e, em seguida, recupere rapidamente o seu foco. Não permaneça a vida inteira resolvendo complicações. Pare de ficar o tempo todo apagando incêndios. Quem faz isso anda para trás. Empregue o seu tempo e a sua energia em pensamentos e atos, seguindo firmemente adiante, na direção do seu propósito.

Quer um conselho simples mas raro? Se você deseja ficar rico, concentre-se em ganhar, conservar e multiplicar o seu dinheiro. Se prefere ser pobre, dedique-se a gastá-lo. Independentemente de quantas dezenas de livros você leia e de quantos cursos sobre sucesso você faça, tudo se resume a isso. Lembre-se: aquilo que você focaliza se expande.

As pessoas ricas entendem também que não é possível ter todas as informações de antemão. Em um dos meus programas, oriento os participantes a acessar a sua força interior e vencer a despeito de tudo. Ensino um princípio conhecido como "Preparar, fogo, apontar!". O que significa isso? Prepare-se o melhor que puder no menor tempo possível, aja e corrija-se no caminho.

É loucura pensar que se pode saber tudo o que vai ocorrer no futuro. É ilusão supor que é possível estar preparado para qualquer circunstância que surja no processo e também protegido contra ela. No universo não há linha reta, você sabia? A vida não viaja em linhas perfeitamente retas. Ela se assemelha mais a uma estrada sinuosa. Em geral, só conseguimos ver a curva seguinte e, só depois de alcançá-la, é que somos capazes de avistar mais.

A idéia é você começar o jogo com tudo o que tem, no lugar onde está. É o que chamo de entrar no *corredor*. Vou lhe dar um exemplo. Anos atrás eu planejava abrir um café e confeitaria 24 horas em Fort Lauderdale, Flórida. Estudei as opções de localização, o mercado e o equipamento necessário. Pesquisei também os tipos de bolos, tortas, sorvetes e cafés disponíveis. O primeiro problema foi que engordei à beça. Comer o objeto da minha pesquisa não foi de grande ajuda. Então me perguntei: "Harv, qual é a melhor maneira de estudar um ramo de negócio?" E esse sujeito chamado Harv, que era evidentemente muito mais esperto do que eu, respondeu: "Se você quer conhecer um negócio a fundo, entre nele. Ninguém tem a obrigação de saber tudo. Entre no corredor conseguindo um emprego na área. Você aprenderá mais varrendo o chão e lavando pratos num restaurante do que se passar 10 anos pesquisando do lado de fora." (Eu não disse que ele era muito mais esperto do que eu?)

Foi o que fiz. Arranjei um emprego numa empresa do ramo. Gostaria de poder dizer que os meus soberbos talentos foram imediatamente reconhecidos e que recebi de cara o cargo de diretor executivo. Mas, o que fazer... Como ninguém ali percebeu as minhas qualidades de liderança, tive que começar como ajudante de garçom. É isso mesmo, varrendo o chão e lavando pratos. Não é engraçado como o poder da intenção dá certo?

Você deve estar pensando que eu tive que engolir o meu orgulho para aceitar esse trabalho, mas a verdade é que nunca considerei a questão dessa forma. A minha missão era conhecer o negócio dos doces, por isso me senti grato pela oportunidade de aprender o assunto "de carona" na empresa de alguém e ainda por cima ganhar um dinheirinho.

Nessa temporada como ajudante de garçom, passei o máximo de tempo conversando com o gerente sobre receitas e despesas, examinando caixas para descobrir os nomes dos fornecedores e ajudando o padeiro, às quatro da manhã, para aprender sobre os equipamentos, ingredientes e problemas do ramo.

Eu devia estar indo bastante bem na minha função porque, depois de uma semana, o gerente me chamou, me deu um pedaço de torta e me ofereceu uma promoção ao posto de... caixa. Pensei naquilo durante um exato nanossegundo e respondi: "Obrigado, mas não, muito obrigado."

Primeiro, não haveria muito o que aprender se eu ficasse preso atrás de uma caixa registradora. Segundo, já sabia o que eu queria saber. Missão cumprida.

É isso o que quero dizer com "corredor": entrar no campo em que você quer estar no futuro, aceitando qualquer função, para ter condições de conhecer a atividade. Esse é, de longe, o melhor método para se aprender um negócio. Primeiro, você pode vê-lo por dentro; segundo, tem condições de fazer os contatos necessários, o que seria complicado estando do lado de fora; terceiro, uma vez no corredor, outras "portas de oportunidade" se abrem à sua frente – isto é, observando o que realmente acontece, você tem a chance de identificar um nicho que não havia percebido antes; quarto, talvez você descubra que não gosta do ramo – e dê graças a Deus por ter ficado sabendo disso antes que fosse muito tarde.

Então, qual dessas quatro situações ocorreu comigo? Quando deixei aquela empresa, mal podia ver uma torta e, muito menos, sentir o cheiro de qualquer uma delas. Segundo, o padeiro saiu de lá um dia depois de mim e me telefonou para dizer que acabara de descobrir um novo e fantástico equipamento de ginástica conhecido como botas para gravidade, que são usadas nos exercícios de inversão corporal feitos em barras (talvez você tenha visto Richard Gere com elas numa cena do filme *Gigolô americano* em que ele fica pendurado de cabeça para baixo). Ele queria saber se eu estava interessado em dar uma olhada naquele produto. Fui conferir e cheguei à conclusão de que as botas eram simplesmente o máximo, mas o ex-padeiro, não. Assim, entrei sozinho no negócio.

Comecei vendendo as botas para lojas de departamentos e de material esportivo. Percebi que todos os revendedores tinham algo em comum – equipamentos de ginástica de má qualidade. Os sinos do meu cérebro badalaram freneticamente: "Oportunidade, oportunidade, oportunidade." É engraçado como as coisas acontecem. Era a minha primeira experiência com esse tipo de produto e ela me levou a abrir uma das primeiras lojas de varejo de artigos de fitness da América do Norte e a ganhar o meu primeiro milhão. E pensar que tudo começou quando me propus a ser ajudante de garçom. A mensagem é simples: entre no corredor. Você nunca sabe que portas se abrirão no seu caminho.

Eu tenho um lema: "A ação sempre vence a inação." As pessoas ricas saem em campo, acreditando que, uma vez dentro do jogo, podem tomar decisões inteligentes, no momento presente, fazer correções de rumo e ajustar as velas durante o percurso.

As pessoas de mentalidade pobre, por não confiarem em si mesmas e nas suas aptidões, acreditam que precisam saber tudo de antemão, o que é praticamente impossível. Enquanto isso, não fazem nada.

Os ricos, com a sua atitude positiva de "preparar, fogo, apontar", entram em ação e quase sempre vencem. Quem pensa pequeno costuma dizer a si mesmo: "Não vou fazer nada até identificar todos os possíveis problemas e saber exatamente como lidar com eles." Assim, nunca age e conseqüentemente sempre perde.

Os ricos vêem uma oportunidade, mergulham nela e ficam ainda mais ricos. E aquelas outras pessoas? Ainda estão "se preparando".

DECLARAÇÃO

Eu focalizo as oportunidades e não os obstáculos.
Eu tenho uma mente milionária!

AÇÕES DA MENTE MILIONÁRIA

1. Entre no jogo. Pense numa situação ou num projeto que você tenha tido vontade de começar. O que quer que você esteja esperando, esqueça. Comece agora, de onde está, a partir do que você tem. Se possível, dê o primeiro passo trabalhando como empregado ou com outra pessoa para aprender os macetes. Se já aprendeu, não tem mais desculpa. Vá à luta!

2. Pratique o otimismo. Tudo o que alguém considerar problema ou obstáculo, reclassifique como oportunidade. Você deixará loucas as pessoas negativas, mas, afinal, qual é a diferença? Não é isso o que elas fazem consigo mesmas o tempo todo?

3. Focalize o que você tem e não o que você não tem. Faça uma lista de 10 coisas pelas quais você se sente grato e leia-a em voz alta. Repita essa leitura todas as manhãs durante os 30 dias seguintes. Se não gostar do que possui, não terá mais nada disso nem precisará ter.

Arquivo de riqueza nº 6

As pessoas ricas admiram outros indivíduos ricos e bem-sucedidos. As pessoas de mentalidade pobre guardam ressentimento de quem é rico e bem-sucedido.

As pessoas de mentalidade pobre costumam olhar para o sucesso alheio com ressentimento, ciúme e inveja. Ora alfinetam com frases do tipo "Que sorte eles têm!", ora sussurram "Esses ricos idiotas".

Se você quer ser uma pessoa *boa*, mas considera os ricos naturalmente *maus*, nunca será um deles. É impossível. Como você pode ser algo que despreza?

É espantoso observar o ressentimento e até a raiva pura e simples que muitas pessoas de mentalidade pobre têm dos ricos. É como se acreditassem que eles são os responsáveis pela situação difícil em que elas se encontram. "É isso mesmo, os ricos ficam com todo o dinheiro, por isso não sobra nenhum para mim." Esse é, obviamente, o perfeito discurso da vítima.

Vou contar uma história, não para me queixar, mas para registrar uma experiência real que tive com esse princípio. Antigamente, nos meus tempos de dureza, eu tinha um carro velho. Mudar de faixa de tráfego nunca era problema. Quase todos os motoristas me deixavam entrar. Depois que fiquei rico e comprei um belo Jaguar preto, novinho em folha, notei que as coisas mudaram. De um dia para o outro, comecei a ser cortado, às vezes ganhando gestos obscenos de brinde. Chegavam a me atirar objetos, e por uma única razão: eu possuía um Jaguar.

Um dia, eu estava dirigindo por um bairro muito simples onde tinha ido distribuir perus de Natal como caridade. Ao abrir o teto solar do Jaguar, percebi atrás de mim quatro sujeitos mal-encarados encarapitados na traseira de uma picape. Sem mais nem menos, eles começaram a usar o meu carro para jogar basquete, tentando acertar latas de cerveja no teto solar. Vários amassados e arranhões depois, passaram por mim gritando: "Rico filho da mãe!"

Imaginei, é claro, que se tratava de um incidente isolado, até duas semanas depois, quando deixei o carro estacionado na rua de outro bairro também muito simples e, ao retornar, em menos de 10 minutos, encontrei um imenso arranhão na lateral feito à chave.

Na ocasião seguinte, eu fui a essa mesma parte da cidade com um Ford Escort alugado. Para minha surpresa, não houve nenhum problema. Não estou absolutamente inferindo que aqueles bairros sejam habitados por gente má, porém a experiência me diz que algumas pessoas ali guardam ressentimento dos ricos.

É fácil falar em não ter ressentimento de quem tem muito dinheiro, porém essa é uma armadilha em que qualquer um pode cair, até mesmo eu, dependendo do estado de espírito. Certa vez, quando liguei a televisão para saber os resultados esportivos, o programa *Oprah* estava no ar. Mesmo não sendo um grande fã de televisão, eu adoro a Oprah. Essa mulher afetou positivamente mais pessoas do que qualquer outra no planeta e merece, por isso, cada centavo que possui... e muito mais.

Ela estava entrevistando a atriz Halle Berry, ganhadora do Oscar 2002 por sua atuação em *A última ceia*. O tema era o contrato que Halle acabara de fechar, um dos maiores contratos de atriz da história do cinema – US$ 20 milhões. Halle disse que não ligava para dinheiro e que lutou por esse contrato fabuloso para abrir caminho para as suas colegas de profissão. Então, eu me vi dizendo, ceticamente: "Ah, sem essa! Você acha que todas as pessoas que estão assistindo ao programa são idiotas? Pegue logo uma parte dessa grana e dê um aumento ao seu assessor de relações públicas. Essa é a melhor jogada publicitária que já vi na vida."

Senti a energia negativa crescendo dentro de mim. Mas, antes que ela me dominasse, reagi. "Cancela, cancela, obrigado pela informação", gritei à minha mente, para abafar a voz do ressentimento.

Não dava para acreditar. Ali estava eu, o Sr. Mente Milionária em pessoa, ressentido com Halle Berry por causa do dinheiro que ela ganhara. Rapidamente, dei a volta por cima e comecei a gritar com toda a força dos meus pulmões: "É isso aí, garota! Você é o máximo! Ficou barato para eles, você devia ter pedido US$ 30 milhões. Parabéns! Você é incrível, você merece." Depois disso me senti muito melhor.

Qualquer que fosse o motivo de Halle Berry querer tanto dinheiro, o problema não era ela, era eu. Lembre-se de que as minhas opiniões não fazem nenhuma diferença para a felicidade nem para a riqueza dessa pessoa, no entanto fazem toda a diferença para a minha felicidade e riqueza. Não se esqueça também de que opiniões e pensamentos não são bons nem maus, certos nem errados quando entram na nossa mente, mas podem, seguramente, ajudar ou atrapalhar a nossa felicidade e o nosso sucesso quando invadem a nossa vida.

No momento em que senti a energia negativa fluindo dentro de mim, o meu alarme "de observação" soou e, tal como havia treinado, eu imediatamente *neutralizei* a negatividade na minha mente. Não é necessário ser perfeito para ficar rico, porém é importante saber reconhecer pensamentos que não fortalecem nem você mesmo nem os outros e mudar o foco para pensamentos mais positivos. Quanto mais você estudar este livro, mais rápido e fácil será o processo.

Em *O milionário em um minuto*, os meus amigos Mark Victor Hansen e Robert G. Allen citam uma história comovente narrada por Russell H. Conwell em *Uma fortuna ao seu alcance*, escrito há mais de um século:

> "Eu digo que vocês devem enriquecer, que é seu dever enriquecer. Quantos irmãos piedosos me dizem: 'Mas o senhor, um ministro cristão, usa o seu tempo para percorrer o país de alto a baixo aconselhando as pessoas a enriquecer, a ganhar dinheiro?' Sim, é claro que sim.
>
> Então eles continuam: 'Que coisa horrível! Por que o senhor não prega o Evangelho em vez de doutrinar as pessoas a ganhar dinheiro?' Porque ganhar dinheiro honestamente é pregar o Evangelho. Essa é a razão. Os homens que enriquecem talvez sejam os mais honestos que podemos encontrar na comunidade.

'Mas', afirma um jovem aqui esta noite, 'durante toda a minha vida me disseram que as pessoas ricas são desonestas, indignas, vis e desprezíveis.' Meu amigo, é exatamente por aceitar essa idéia que você não tem nenhum dinheiro. A base da sua fé é totalmente falsa. Eu lhe digo com toda a clareza... 98 de cada 100 homens (e mulheres) ricos dos Estados Unidos são honestos. E é por isso que são ricos. É por esse motivo que os outros lhes confiam dinheiro. É por causa disso que realizam grandes empreendimentos e sempre encontram pessoas para trabalhar com eles.

Diz outro jovem: 'Às vezes ouço falar de homens que ganham milhões de dólares desonestamente.' Sim, é claro que ouve, e eu também. Mas eles são tão raros que os jornais falam a seu respeito o tempo todo como notícia até ficarmos com a impressão de que todos os ricos conseguem as suas fortunas de modo desonesto.

Meu amigo, leve-me aos subúrbios da Filadélfia e me apresente aos moradores que possuem casas ao redor dessa grande cidade, casas belas com jardins e flores, casas esplêndidas de refinada arte, e eu o apresentarei às pessoas mais plenas de caráter e iniciativa da nossa cidade. Aqueles que têm as suas próprias casas se tornam mais dignos, honestos e puros, mais fiéis, econômicos e cuidadosos por possuí-las.

Nós pregamos contra a cobiça no púlpito e usamos a expressão 'lucro imundo' de um modo tão radical que os cristãos ficam com a idéia de que é pecado um homem ser rico. Dinheiro é poder, e é preciso ser razoavelmente ambicioso para ganhá-lo. Deve ser assim porque vocês podem praticar mais boas ações com ele do que sem ele. O dinheiro imprime as suas Bíblias, o dinheiro constrói as suas igrejas, o dinheiro envia os seus missionários e o dinheiro sustenta os seus pastores. Portanto, eu digo que é necessário ter dinheiro. Se vocês são capazes de enriquecer honestamente, é seu dever sagrado fazer isso. É um erro terrível das pessoas piedosas pensar que se deve ser pobre para ser piedoso."

Essa passagem de Conwell expõe excelentes questões. A primeira é a *confiabilidade*. De todos os atributos necessários para enriquecer, ser confiável deve estar perto do topo da lista. Diga-me, você faria negócio com uma pessoa em quem não confia pelo menos um pouco? Nem pensar! Portanto, para enriquecer, é necessário ser confiável aos olhos de muita gente. E, se tantas pessoas confiam assim em alguém, é porque esse indivíduo deve ser mesmo confiável.

Que outras características as pessoas devem ter para fazer fortuna e, mais importante ainda, permanecer ricas? É claro, toda regra tem exceção, mas, em termos gerais, *quem* você precisa ser para se sair bem em qualquer coisa? Considere as seguintes características: alguém positivo, confiável, focado, determinado, persistente, trabalhador, ativo, bondoso, comunicador competente, razoavelmente inteligente e especializado em pelo menos uma área.

Outro aspecto interessante da passagem de Conwell é o fato de tantas pessoas terem sido condicionadas a acreditar que não se pode ser ao mesmo tempo rico e bondoso ou rico e espiritualizado. Até eu pensava dessa maneira. Como muitos de nós, ouvia dos meus amigos e professores, da mídia e do resto da sociedade que todo rico é, em princípio, mau e ganancioso. Mais uma vez, esse modo de pensar é pura bobagem. Com base na minha própria experiência de vida, e não em velhos mitos fundamentados no medo, descobri que as pessoas mais ricas que conheço são também as mais amáveis.

Quando nos mudamos para San Diego, fomos morar num dos bairros mais sofisticados da cidade. Adorávamos a beleza da casa e da região, mas eu estava um pouco inseguro, pois não conhecia ninguém ali e ainda não me sentia adaptado. O meu plano era ficar na minha e não me misturar com aqueles endinheirados esnobes. Mas quis o universo que os meus filhos, com cinco e sete anos de idade naquela época, se tornassem amigos das crianças da vizinhança. Assim, não demorou muito para que eu os levasse de carro a uma daquelas mansões para brincar. Lembro-me perfeitamente do momento em que bati na pesada porta de madeira, de pelo menos 6m de altura, maravilhosamente entalhada. A dona da casa a abriu e, com a voz mais simpática do mundo, disse: "Harv, é tão bom conhecê-lo, entre." Eu me senti um pouco confuso ao ver que ela estava me servindo um chá gelado com uma tigela de frutas. "Que brincadeira é esta?", a minha mente cética não parava de perguntar. Logo chegou o marido, que antes se divertia com as crianças na piscina. Ele foi ainda mais simpático: "Harv, estamos felizes por você estar morando no bairro. Venha com a sua família ao nosso jantar amanhã. Vamos apresentá-los aos nossos amigos. Nem pense em recusar. Falando nisso, você joga golfe? Vou jogar depois de amanhã no clube. Venha como meu convidado." Fiquei em estado de choque. Onde estavam os esnobes que eu tinha certeza que encontraria? Fui para casa dizer à minha mulher que iríamos ao jantar.

– Ai, meu Deus – disse ela –, eu não tenho roupa.

Mas eu a acalmei:

– Meu bem, você não entendeu. As pessoas são incrivelmente simpáticas e absolutamente informais. Seja você mesma e vai ficar tudo bem.

Fomos e, naquela noite, conhecemos algumas das pessoas mais afetuosas, amáveis, generosas e adoráveis da nossa vida. A certa altura, o assunto enveredou para uma campanha de caridade dirigida por uma das convidadas. Os talões de cheques foram logo aparecendo. Eu mal podia crer na fila que se formara para dar dinheiro àquela mulher. Mas os cheques eram doados sob a condição de que haveria reciprocidade: a mulher apoiaria a obra de caridade em que o doador estivesse envolvido. É isso mesmo, cada pessoa ali era responsável por um projeto dessa natureza ou tinha um papel de destaque nesse trabalho.

O casal que nos convidou participava de várias dessas iniciativas. Na verdade, todo ano o seu objetivo era contribuir com as maiores doações individuais da cidade para o Hospital da Criança. Eles não apenas doavam milhares de dólares como organizavam um jantar anual de gala que arrecadava mais alguns milhares.

Depois, nos tornamos íntimos da família de um dos mais importantes angiologistas do mundo. Ele ganhava uma fortuna fazendo quatro ou cinco cirurgias por dia – cada uma delas custava de US$ 5 a US$ 10 mil.

Eu o menciono como exemplo porque toda terça-feira era o seu dia "livre", em que operava pessoas da cidade que não podiam pagar por esse serviço. Trabalhava das 6h às 22h e realizava cerca de 10 cirurgias, todas de graça. Como se não bastasse, dirigia uma organização própria, cuja missão era convencer outros médicos a adotar o "dia grátis" para os membros das suas respectivas comunidades.

Desnecessário dizer que, diante da realidade, a minha velha crença condicionada de que os ricos são esnobes gananciosos dissipou-se totalmente. Hoje eu sei que a verdade é outra. A minha experiência diz que as pessoas mais ricas que conheço são também as mais amáveis. E as mais generosas. O que não quer dizer que quem não é rico não possa ter essas qualidades. Mas afirmo com segurança que a idéia de que os ricos são em princípio maus é pura ignorância.

A verdade é que o ressentimento contra as pessoas bem-sucedidas financeiramente é uma das maneiras mais seguras de alguém continuar na pior. Nós somos criaturas de hábitos – para superar esse ou qualquer outro hábito, precisamos praticar. Quero que você, em lugar de se ressentir dos ricos, pratique *admirá-los*, pratique *abençoá-los*, pratique *amá-los*. Assim, saberá inconscientemente que, quando enriquecer, outras pessoas o admirarão, o abençoarão e o amarão em vez de se roerem de ressentimento da maneira como talvez você faça agora.

Uma das minhas filosofias de vida provém da ancestral sabedoria Huna, ensinamentos dos sábios do Havaí. Ela diz o seguinte: "Abençoe aquilo que você quer. Quando vir uma pessoa com uma casa bonita, abençoe a pessoa e a casa. Quando vir uma pessoa com um belo carro, abençoe a pessoa e o carro. Quando vir uma pessoa com uma bela família, abençoe a pessoa e a família. Quando vir uma pessoa com um belo corpo, abençoe a pessoa e o corpo."

PRINCÍPIO DE RIQUEZA

"Abençoe aquilo que você quer." - Filosofia Huna

A questão é: se de algum modo você se ressente do que as pessoas possuem, nunca poderá tê-lo.

Em qualquer caso: quando você vir alguém num belo Jaguar com o teto solar aberto, *não atire latas de cerveja nele!*

DECLARAÇÃO

Eu admiro as pessoas ricas. Eu abençôo as pessoas ricas. Eu amo as pessoas ricas. E vou ser uma pessoa rica também.

Eu tenho uma mente milionária!

AÇÕES DA MENTE MILIONÁRIA

1. Pratique a filosofia Huna: "Abençoe aquilo que você quer." Passeie, compre revistas, observe as casas bonitas e os carros bacanas e leia sobre negócios bem-sucedidos. Abençoe tudo o que você vir e gostar. Abençoe também os proprietários desses bens ou as pessoas que estão envolvidas com eles.

2. Escreva e envie uma breve carta ou um e-mail a alguém que você conheça (não necessariamente em pessoa) que seja extremamente bem-sucedido em qualquer campo, dizendo-lhe o quanto você o admira e respeita por suas realizações.

Arquivo de riqueza nº 7

As pessoas ricas buscam a companhia de indivíduos positivos e bem-sucedidos. As pessoas de mentalidade pobre buscam a companhia de indivíduos negativos e fracassados.

As pessoas bem-sucedidas observam outras pessoas bem-sucedidas para se motivar – as vêem como exemplos com os quais podem aprender e dizem a si mesmas: "Se elas conseguem, eu também consigo." Como afirmei antes, o exemplo propicia uma das maneiras fundamentais de aprendizado.

Quem é rico se sente grato por outras pessoas terem tido êxito antes dele, pois, com um modelo para seguir, fica mais fácil encontrar o próprio sucesso. Por que reinventar a roda? Existem métodos comprovados para enriquecer que dão certo para quase todos que os aplicam.

O modo mais rápido e fácil de enriquecer é aprender como as pessoas ricas, mestras em fazer fortuna, jogam o jogo da riqueza. Basta copiar as suas estratégias internas e externas. Faz sentido: se você tiver uma programação mental idêntica à delas e imitar a sua forma de agir, as suas chances de obter os mesmos resultados serão muito grandes. Foi o que eu fiz e é disso que este livro trata.

Ao contrário dos ricos, muitas pessoas de mentalidade pobre, quando ouvem falar do sucesso de alguém, costumam julgar, criticar e escarnecer, além de tentar puxar esse indivíduo para o seu próprio nível. Quanta gente assim você conhece? Quantos parentes seus agem desse jeito? A questão é: como é possível aprender com os indivíduos que você critica ou se inspirar neles?

Sempre que sou apresentado a alguém muito rico, dou um jeito de conhecer essa pessoa e aprender como ela pensa. Se você acha que estou errado em fazer isso, é porque talvez pense que eu deveria ficar amigo de quem está na pior. Eu não concordo. Como mencionei anteriormente, a energia é contagiosa, e não quero me expor a influências negativas.

Um dia, enquanto eu dava uma entrevista para uma rádio, uma mulher telefonou com uma ótima pergunta: "O que faço se sou positiva e quero crescer e o meu marido é alguém que puxa tudo para baixo? Devo deixá-lo? Devo tentar mudá-lo?" Ouço perguntas semelhantes a essa pelo menos 100 vezes por semana nos cursos. Quase todos os participantes querem saber a mesma coisa: "O que fazer se as pessoas do meu convívio íntimo não estão interessadas no crescimento pessoal e até me criticam porque eu estou?"

A resposta é a seguinte: primeiro, não perca tempo tentando mudar pessoas negativas. Não é sua obrigação. O seu dever é usar o que aprendeu para melhorar a si mesmo e a sua vida. Seja o exemplo, seja bem-sucedido, seja feliz e, quem sabe, as pessoas vejam a luz (em você) e queiram um pouco dela para si próprias. Repito, a energia é contagiosa. A escuridão se dissipa na luz. As pessoas têm que se esforçar para se manter "escuras" quando há luz à sua volta. A sua tarefa é apenas ser o melhor que puder. Se lhe perguntarem o seu segredo, conte.

Segundo, tenha em mente um princípio que ensino nos cursos para que a pessoa aprenda a manifestar a sua vontade, mantendo-se calma, centrada e em paz. Ele diz: "Tudo acontece por um motivo, e esse motivo existe para me ajudar." De fato, é muito mais difícil ser positivo e consciente ao lado de pessoas e circunstâncias negativas, mas esse é o seu teste. Da mesma forma como o aço é endurecido pelo fogo, você crescerá mais rápido e ficará mais forte se permanecer fiel aos seus valores quando todos à sua volta estiverem cheios de dúvidas e propensos a recriminações.

Não se esqueça de que *nada tem significado, exceto aquele que nós mesmos atribuímos às coisas.* Lembre-se também de que, na parte 1, você leu sobre como nos identificamos com os nossos pais ou nos rebelamos contra eles, dependendo do modo como "enquadramos" as suas ações. De hoje em diante, quero que pratique reenquadrar a negatividade alheia para se recordar de como *não* deve pensar e agir. Quanto mais negativas forem as pessoas, mais lembranças você terá do quanto é *desagradável* ser assim. Não estou sugerindo que lhes diga isso. Apenas aja como proponho, sem condená-las por serem como são. Se começar a julgá-las, criticá-las e menosprezá-las, você acabará não sendo melhor do que elas.

No pior dos casos, se não for mais capaz de lidar com a energia negativa de pessoas que o cercam e se isso o estiver prejudicando de tal maneira que não consiga mais crescer, talvez você precise tomar algumas decisões corajosas a respeito de si próprio e de como quer viver a sua vida. Não estou lhe sugerindo que aja de modo irrefletido, mas eu, por exemplo, jamais poderia conviver com alguém negativo e que desdenhasse do meu desejo de aprender e crescer – pessoal, espiritual e financeiramente. Nunca faria isso comigo mesmo porque tenho respeito por mim e pela minha vida. Mereço toda a felicidade e todo o sucesso que puder ter.

Repito, a energia é contagiosa: portanto, você pode *afetar* ou *infectar* as pessoas. O inverso também é verdade: ou elas o afetam ou o infectam. Eu lhe pergunto: você abraçaria uma pessoa sabendo que ela está com conjuntivite? A maioria de nós diria: "Nem pensar, da conjuntivite eu quero é distância." Muito bem, acredito que o pensamento negativo é uma espécie de *conjuntivite mental*. Em vez de coceira nos olhos, ele provoca um sentimento de desdém; em vez de dor, causa vontade de criticar; em vez de ardência, desencadeia um sentimento de frustração. Agora me diga: está seguro de que deseja ficar perto de alguém que apresenta esses sintomas?

Tenho certeza de que você já ouviu a expressão "cada qual com o seu igual". Você sabia que a maior parte das pessoas ganha 20% a mais ou a menos do que os seus amigos íntimos? Por isso é importante observar quem são as pessoas com quem você se junta e escolher cuidadosamente com quem passar o seu tempo.

Pela minha experiência, vejo que os ricos não entram para clubes de alta classe só para jogar golfe, mas também para estar em contato com outros indivíduos bem-sucedidos. Há um ditado que diz: "Não se trata do que você sabe, mas de *quem* você conhece." Faço questão de buscar a companhia de pessoas positivas e de sucesso e, tão importante quanto, de manter distância de quem é negativo.

Além disso, não abro mão de evitar situações destrutivas. Não vejo motivo para me deixar envenenar por uma energia prejudicial. Nisso incluo: discutir, fofocar e falar pelas costas. E acrescento o hábito de assistir a programas bobocas na televisão, a não ser como estratégia de relaxamento, nunca como forma básica de diversão. Quando vejo televisão, geralmente assisto a programas esportivos, jogos e entrevistas com atletas de destaque. Primeiro, porque gosto de ver os campeões de qualquer área em ação; segundo, porque aprecio ouvi-los, presto muita atenção na sua programação mental. Para mim, quem está na primeira divisão de qualquer esporte já é um vencedor. O atleta desse nível necessariamente superou diversas etapas para chegar aonde chegou, o que considero fantástico. Admiro a atitude que eles assumem nas vitórias: "Foi um grande esforço de toda a equipe. Obtivemos um bom resultado, apesar de ainda precisarmos melhorar muita coisa. Em todo caso, fomos recompensados pelo nosso trabalho." Gosto também do que eles costumam dizer depois das derrotas: "Foi só uma partida. Estaremos em campo de novo. Vamos simplesmente esquecer esse jogo e nos concentrar no próximo. Agora é só conversarmos sobre os erros cometidos, treinar e fazer o que for necessário para vencer."

Nos Jogos Olímpicos de 2004, a canadense Perdita Felicien, campeã mundial dos 100m com barreiras, era a favorita absoluta para a medalha de ouro. Mas na prova final ela tocou no primeiro obstáculo e caiu feio. Nem completou a prova. Extremamente abalada, ficou lá chorando sem acreditar no que havia acontecido. Passara os quatro anos anteriores se preparando, seis horas por dia, sete dias por semana. Na manhã seguinte, eu ouvi a sua entrevista coletiva. Devia tê-la gravado. Fiquei impressionado com a visão dessa atleta sobre o que lhe ocorrera e sobre o futuro. Ela disse mais ou menos o seguinte: "Não sei por que aconteceu, mas aconteceu, e eu vou aprender com isso. Estou decidida a me concentrar mais e trabalhar mais nos próximos quatro anos. Quem sabe qual seria o meu caminho se eu tivesse vencido? Talvez eu perdesse o ímpeto de competir. Não sei, mas a minha gana de vencer é agora maior do que nunca. Voltarei ainda mais forte." Ouvindo-a falar assim, só pude dizer "Caramba!". A gente aprende um bocado com os campeões.

As pessoas ricas procuram a companhia de vencedores, enquanto as de mentalidade pobre preferem estar perto de perdedores. Por quê? É uma questão de conforto. Os ricos sentem-se bem com o sucesso dos outros, consideram-se dignos de estar com eles. Quem pensa pequeno está sempre desconfortável ao lado de indivíduos bem-sucedidos, seja porque tem medo de ser rejeitado, seja porque se sente deslocado. Para se proteger, o seu ego parte para o julgamento e a crítica.

Se você quer enriquecer, tem que mudar o seu modelo interno para passar a acreditar que é absolutamente tão capaz quanto qualquer milionário ou multimilionário. Nos seminários, fico pasmo quando alguém me pergunta se pode tocar em mim, dizendo: "Eu nunca toquei um multimilionário antes." Em geral, sou educado e sorrio, mas na minha cabeça estou dizendo: "Vá viver a sua vida! Eu não sou melhor do que você nem diferente. Se não entender isso rapidinho, estará sempre na pior."

Não se trata de tocar os milionários, mas de decidir que você é tão capaz e merecedor quanto qualquer um deles e agir da mesma forma. O meu melhor conselho é o seguinte: caso você queira tocar um milionário, torne-se um deles.

Espero que tenha compreendido. Em vez de desdenhar das pessoas ricas, imite-as. Em vez de evitá-las, conheça-as. Em vez de dizer "Caramba, elas são o máximo", diga "Se elas podem, eu também posso". No fim, quando você quiser tocar um milionário, bastará tocar a si mesmo.

DECLARAÇÃO

Eu imito as pessoas ricas e bem-sucedidas. Eu busco a companhia de pessoas ricas e bem-sucedidas. Se elas podem, eu também posso!

Eu tenho uma mente milionária!

AÇÕES DA MENTE MILIONÁRIA

1. Vá a uma biblioteca, a uma livraria ou acesse a internet para ler a biografia de uma pessoa que é ou foi extremamente rica e bem-sucedida. Roberto Marinho, Antônio Ermírio de Morais, Abilio Diniz, Bill Gates, Donald Trump, Jack Welch e Ted Turner são bons exemplos. Use as suas histórias pessoais para se inspirar, para aprender estratégias de sucesso específicas e, o mais importante, para copiar a sua programação mental.

2. Associe-se a um clube de alta classe – de tênis, de negócios, de golfe, etc. Aproxime-se de pessoas ricas num ambiente requintado. Se não puder entrar para um clube de alto nível, tome um café ou drinque no hotel mais chique da sua cidade. Sinta-se à vontade nessa atmosfera e observe os clientes. Perceba que eles não são diferentes de você.

3. Identifique uma situação ou pessoa que puxa você para baixo. Afaste-se dessa situação ou ligação ou diminua os contatos.

4. Pare de assistir a bobagens na televisão e fique longe de conversas destrutivas.

Arquivo de riqueza nº 8

**As pessoas ricas gostam de se promover.
As pessoas de mentalidade pobre não apreciam
vendas nem autopromoção.**

Não gostar de autopromoção é um dos grandes obstáculos ao sucesso. Em geral, quem reage negativamente a vendas e promoções está na pior. É óbvio. Como alguém pode obter uma receita significativa com o seu próprio negócio ou como representante de um se não está disposto a deixar os outros saberem que ele, o seu produto e o seu serviço existem? No caso de quem é empregado, se a pessoa não divulgar as próprias virtudes, outro funcionário que se disponha a fazer isso passará rapidamente à sua frente na hierarquia da empresa.

As pessoas costumam ter problemas com vendas e autopromoção por vários motivos. Quem sabe você reconhece um deles como o seu?

Primeiro, talvez no passado você tenha tido uma experiência ruim com alguém que tentou lhe vender algo de maneira inadequada. Essa pessoa pode ter forçado a barra, aborrecido você num momento impróprio ou se recusado a aceitar um não. O que importa, em qualquer caso, é reconhecer que esse episódio ficou para trás. Prender-se a ele não é útil hoje.

Segundo, pode ser que você tenha vivido uma experiência decepcionante tentando vender algo a alguém que não estava nem um pouco interessado no seu produto. Nesse caso, a sua aversão a se promover é apenas uma projeção do seu próprio medo do fracasso e da rejeição. Repito: o passado não é necessariamente igual ao futuro.

Terceiro, talvez a sua resistência se origine de uma programação transmitida por seus pais. Muita gente aprende que é falta de educação "vender o próprio peixe". Mas, no mundo real dos negócios e do dinheiro, se você não vender o seu próprio peixe, ninguém fará isso no seu lugar. As pessoas ricas dispõem-se a exaltar as próprias virtudes e os próprios valores a qualquer um que queira ouvi-las e, quem sabe, fazer negócios com elas também.

Finalmente, há quem se considere acima da autopromoção. Chamo isso de síndrome de superioridade, atitude também conhecida como "vejam como sou especial". Nesse caso, o sentimento é este: "Se os outros querem o que eu tenho, eles que me descubram e venham a mim." Os que acreditam nisso ou estão na pior ou estarão em pouco tempo, com certeza. Eles pensam que o mundo inteiro vai se virar pelo avesso para encontrá-los só porque têm um bom produto. No entanto, nunca ninguém vai saber que esse produto existe, pois a empáfia dessas pessoas não lhes permite anunciar isso a quem quer que seja, e o mercado está cheio de concorrentes.

Talvez você conheça este ditado: "Faça uma ratoeira melhor e todas as pessoas virão bater à sua porta." Isso só é verdade quando se acrescenta outra frase depois: "Se elas ficarem sabendo que a ratoeira existe."

Em geral, os ricos são excelentes na atividade da promoção. Estão sempre dispostos a divulgar os seus produtos, os seus serviços e as suas idéias com paixão e entusiasmo. E sabem também como colocá-los numa embalagem atraente. Se você acha que isso é errado, então devemos proibir as mulheres de se maquiar e, aproveitando o embalo, acabar também com os ternos masculinos. Todas essas coisas não passam de "embalagens".

Robert Kiyosaki, autor de *Pai rico, pai pobre*, diz que todo negócio, inclusive o de escrever livros, depende de vendas, e observa que é reconhecido como um autor campeão de *vendas* e não como o melhor *escritor*. A primeira qualificação paga muito mais do que a segunda.

As pessoas ricas geralmente são líderes e todo grande líder é excelente em autopromoção. Para ser um líder, você tem que ter seguidores e pessoas que o apóiem. Portanto, deve ser capaz de convencer, inspirar e motivar os outros a adotar as suas idéias. Até os presidentes dos países precisam "vender" as suas idéias o tempo todo –

ao público, ao Congresso e até ao seu partido – para vê-las implementadas. E, muito antes disso, se não as venderem *a si próprios* em primeiro lugar, não conseguirão nem se eleger.

Em suma, todo líder que não pode ou não quer se promover não ocupará essa posição por muito tempo, seja na política, nos negócios, nos esportes – nem mesmo em casa, como pai ou mãe. Insisto nisso porque *os líderes ganham muito mais dinheiro do que os seguidores.*

PRINCÍPIO DE RIQUEZA

Os líderes ganham muito mais dinheiro do que os seguidores.

O ponto crítico nessa questão não é se você gosta ou não de se promover, mas *por que* precisa fazer isso. Tudo se resume às suas crenças. Você crê de verdade no seu próprio valor? Acredita de fato no seu produto ou serviço? Está inteiramente seguro de que ele beneficia as pessoas para as quais está tentando vendê-lo?

Se você tem certeza do valor do seu produto, por que escondê-lo de quem necessita dele? Suponha que você vendesse um remédio para artrite e encontrasse uma pessoa que sofre dessa doença. Você o ocultaria dela? Esperaria que ela lesse a sua mente e adivinhasse que você tem um medicamento que pode ajudá-la? O que você pensaria de um indivíduo que, por ser tímido, medroso ou bacana demais para se promover, não oferecesse uma oportunidade de melhora a alguém que sofre?

As pessoas que desconfiam da autopromoção costumam não acreditar de forma plena nas suas capacidades e nos seus produtos ou serviços. Por isso é extremamente difícil para elas imaginar que existe alguém que esteja tão certo do valor daquilo que possui que deseja compartilhá-lo de todas as formas possíveis com quem cruza o seu caminho.

Se você acreditar que o que tem a oferecer pode ser verdadeiramente útil para as pessoas, terá grandes chances de ficar rico.

DECLARAÇÃO

Promovo o meu valor com paixão e entusiasmo.

Eu tenho uma mente milionária!

AÇÕES DA MENTE MILIONÁRIA

1. Dê uma nota de um a dez ao produto ou serviço que você está oferecendo atualmente (ou pensando em oferecer), de acordo com o grau de confiança que tem nele. Se a nota for de sete a nove, faça uma nova avaliação com o objetivo de elevar o seu valor. Caso o resultado seja igual ou inferior a seis, pare de oferecê-lo e comece a trabalhar com algo em que você realmente acredite.

2. Leia livros e faça cursos de marketing e vendas. Torne-se um especialista nessas áreas, capaz de vender o seu produto ou serviço com sucesso e total integridade.

Arquivo de riqueza nº 9

As pessoas ricas são maiores do que os seus problemas. As pessoas de mentalidade pobre são menores do que os seus problemas.

Como já disse, enriquecer não é um passeio no bosque. É uma viagem cheia de curvas, guinadas, desvios e obstáculos. A estrada para a riqueza é repleta de perigos e armadilhas, e é precisamente por isso que a maioria das pessoas não a toma. Elas não querem os atritos, as dores de cabeça e as responsabilidades decorrentes. Em suma, não desejam problemas.

Nesse aspecto se encontra uma das maiores diferenças entre as pessoas ricas e bem-sucedidas e as de mentalidade pobre: as primeiras são maiores do que os seus problemas, enquanto as últimas são menores do que eles.

Aqueles que pensam pequeno fazem qualquer coisa para evitar obstáculos. Quando se vêem diante de um desafio, saem correndo. A ironia é que, nessa busca por uma vida sem complicações, eles acabam tendo outros problemas, sentindo-se muitas vezes fracassados. O segredo do sucesso não é tentar evitar os problemas nem se esquivar ou se livrar deles, mas crescer pessoalmente para se tornar maior do que qualquer adversidade.

PRINCÍPIO DE RIQUEZA

O segredo do sucesso não é tentar evitar os problemas nem se esquivar ou se livrar deles, mas crescer pessoalmente para se tornar maior do que qualquer adversidade.

Numa escala de um a dez, imagine-se uma pessoa dotada de força de caráter e determinação de nível dois enfrentando um problema de nível cinco. Essa dificuldade lhe parece grande ou pequena? Olhando do nível dois, um obstáculo do nível cinco há de parecer um *grande* problema.

Agora imagine que você se aprimorou e a sua força de caráter atingiu o nível oito. Esse mesmo problema de nível cinco se mostra grande ou pequeno aos seus olhos? Como num passe de mágica, ele se transformou num probleminha.

Para terminar, suponha que você deu um duro danado consigo mesmo e tornou-se uma pessoa com força de caráter de nível dez. O mesmo obstáculo de nível cinco é agora um grande ou um pequeno problema? A resposta é: ele simplesmente *não é mais* um problema. O seu cérebro nem sequer o registra como tal e tampouco esse entrave produz qualquer energia negativa – ele é apenas uma ocorrência normal do seu dia-a-dia, como escovar os dentes e se vestir.

Observe que, independentemente de você ser rico ou pobre, de pensar grande ou pequeno, as adversidades não deixam de existir. Enquanto você respirar, sempre estará diante dos chamados problemas e obstáculos da vida. Para encurtar a conversa: o tamanho do problema nunca é a questão principal – o que importa é o seu próprio tamanho.

Isso pode doer, mas, se você está pronto para passar ao nível seguinte de sucesso, vai ter que se conscientizar do que de fato acontece na sua vida. Preparado? Então lá vai.

Se você tem um grande problema, isso quer dizer apenas que está sendo uma pessoa pequena. Não se deixe enganar pelas aparências. O seu mundo exterior é um simples reflexo do seu mundo interior. Caso queira fazer uma mudança permanente, redirecione o foco: do tamanho dos seus problemas para o tamanho da sua pessoa.

PRINCÍPIO DE RIQUEZA

Se você tem um grande problema, isso quer dizer apenas que está sendo uma pessoa pequena.

Um dos lembretes nada sutis que sugiro aos participantes dos seminários é: sempre que você pensar que tem um problemão, aponte para si mesmo e grite: "Pequeno, pequeno, pequeno!" Isso o despertará abruptamente e o fará redirecionar o foco para o objeto que nunca deveria ter abandonado: você mesmo. Depois, a partir do seu "eu superior" (e não do eu de vítima, baseado no ego), respire fundo e decida, naquele exato momento, que você será uma pessoa maior, que não permitirá que nenhuma dificuldade ou obstáculo estrague a sua felicidade e o seu sucesso.

Quanto maiores forem os problemas com os quais você lidar, maior o negócio que será capaz de conduzir; quanto maior o número de funcionários que você administrar, maior a quantidade de clientes que poderá atender; quanto maior o universo de clientes que você atender, maior o montante de dinheiro que conseguirá controlar e, finalmente, maior a fortuna que terá capacidade de acumular.

Repito: a sua riqueza cresce na mesma medida que você. O objetivo é evoluir pessoalmente até ser capaz de superar quaisquer problemas e obstáculos que se interponham no caminho da conquista e conservação do seu dinheiro.

Por falar nisso, *conservar* a riqueza é uma história inteiramente diferente, sabia? Eu não. Para mim, depois que enriquecesse, permaneceria rico. Acredite: perder o meu primeiro milhão quase tão depressa quanto o ganhei foi um doloroso despertar. Hoje entendo qual foi o problema. Na época, a minha "caixa de ferramentas" não era grande e forte o suficiente para manter a riqueza que eu havia conquistado. Digo e repito: ainda bem que pratiquei os princípios da mente milionária e consegui me recondicionar. Não apenas recuperei o milhão como, por causa do meu novo modelo de dinheiro, ganhei muitos outros. E o melhor de tudo é que, além de conservá-los, eu os faço continuar crescendo num ritmo fenomenal.

Pense em você como o seu próprio recipiente de riqueza. Se ele é pequeno e a sua fortuna é muito grande, o que acontecerá? Você a perderá. O recipiente vai transbordar e o excesso de dinheiro cairá pelo lado de fora. Não se pode ter mais dinheiro do que cabe no próprio recipiente. Portanto, você terá que crescer até se tornar um recipiente amplo, capaz não apenas de *guardar*, mas de *atrair* mais fortuna. O universo abomina o vazio – se o seu recipiente de riqueza for muito grande, ele se prontificará a preencher o espaço.

Um dos motivos pelos quais as pessoas ricas são maiores do que os problemas está relacionado com algo que expliquei antes. Elas não estão concentradas nos obstáculos, mas nas metas. Repito: em geral a mente focaliza uma coisa principal de cada vez; portanto, ou a pessoa está se lamuriando por causa da dificuldade ou está trabalhando para saná-la. Os ricos e bem-sucedidos são orientados para as soluções, empregam o seu tempo e a sua energia pensando em estratégias e respostas para os desafios que surgem e criando sistemas para garantir que o problema não volte a ocorrer.

As pessoas fracassadas e de mentalidade pobre são orientadas para os problemas. Perdem tempo e energia praguejando e se queixando e raramente encontram soluções criativas para amenizar a dificuldade, muito menos para que ela não volte a surgir.

Os ricos não fogem das adversidades, não se esquivam nem se queixam delas. São guerreiros financeiros. Nos cursos, a definição que dou a guerreiro é: "Aquele que conquista a si mesmo."

Feitas as contas, se você se torna um mestre em lidar com problemas e na superação de qualquer obstáculo, o que pode impedi-lo de alcançar o sucesso? A resposta é: *nada*. E, se nada pode detê-lo, você não pára nunca. E, se jamais pára, que opções possui na vida? A resposta é: *todas*. Como nada pode freá-lo, todas as coisas estarão à sua disposição. Você apenas escolhe e aquilo é seu – isso é que é liberdade.

DECLARAÇÃO

Sou maior do que os meus problemas. Posso lidar com qualquer problema.

Eu tenho uma mente milionária!

AÇÕES DA MENTE MILIONÁRIA

1. Sempre que você se sentir perturbado por um "grande" problema, aponte para si mesmo e diga: "Pequeno, pequeno,

pequeno!" Em seguida, respire fundo e declare para si mesmo: "Posso lidar com isso. Sou maior do que qualquer problema."

2. Registre por escrito um problema que você tem. Depois liste 10 medidas possíveis para resolvê-lo ou, pelo menos, para melhorar a situação. Assim, você deixará de pensar nesse obstáculo e começará a solucioná-lo. Além disso, se sentirá muito melhor.

Arquivo de riqueza nº 10

As pessoas ricas são excelentes recebedoras. As pessoas de mentalidade pobre são péssimas recebedoras.

Se eu tivesse que estabelecer a causa número um que impede muita gente de atingir o seu pleno potencial financeiro, ela seria a seguinte: não saber receber. A maioria das pessoas pode ou não saber dar, mas definitivamente não é boa em receber. E, por causa disso, acaba não recebendo mesmo.

Receber costuma ser um desafio por diversas razões. Primeiro, a pessoa não se sente digna ou merecedora. Essa síndrome permeia toda a nossa sociedade. Eu diria que mais de 90% dos indivíduos carregam o sentimento de não serem merecedores.

De onde vem tanta baixa auto-estima? Da fonte de sempre: o nosso condicionamento. Na maior parte dos casos, isso é o resultado de ouvirmos 20 respostas "Não" para cada "Sim", 10 "Você está fazendo errado!" para apenas um "Você está fazendo certo!" e cinco "Você é um trouxa!" para cada "Você é o máximo!".

Por mais positivos que tenham sido os nossos pais ou responsáveis, em geral acabamos carregando o sentimento de não estarmos o tempo todo à altura dos seus elogios e das suas expectativas. Por isso não nos consideramos merecedores.

Além disso, a maioria de nós traz o fator punição gravado na mente. Essa regra não escrita diz que, quando fazemos algo errado, seremos punidos. Algumas pessoas são castigadas pelos pais, outras pelos professores... e, em certos círculos religiosos, há quem seja ameaçado com a maior de todas as condenações: não ir para o céu.

É claro que, agora que somos adultos, tudo isso é passado. Certo? Errado. O condicionamento da punição está tão impregnado na nossa mente que, não havendo ninguém por perto para nos castigar quando cometemos um erro ou quando simplesmente não somos perfeitos, nós punimos a nós mesmos sem perceber. Na nossa infância, esse castigo talvez tenha vindo na clássica maneira "Você se comportou mal, por isso não vai ganhar chocolate". Hoje, porém, poderia assumir a forma "Você se comportou mal, por isso não vai ganhar dinheiro". Isso explica por que algumas pessoas limitam os seus rendimentos e outras sabotam o próprio sucesso de modo subconsciente.

Não admira que as pessoas tenham dificuldade em receber. Basta um pequeno erro para que se sintam condenadas a carregar o ônus da miséria e da pobreza pelo resto da vida. "Isso está meio exagerado", você deve estar pensando. E desde quando a mente tem lógica e compaixão? Repito: a mente condicionada é uma pasta de arquivos cheia de programações passadas, significados inventados e histórias de dramas e desastres. "Fazer sentido" não é o seu forte.

Nos seminários, costumo ensinar algo que talvez o faça se sentir melhor. No fim das contas, não importa se você se sente merecedor ou não, pois poderá enriquecer de qualquer forma. Muitas pessoas ricas não se consideram altamente merecedoras. Na verdade, essa costuma ser uma das maiores motivações para alguém fazer fortuna: *provar* o próprio valor a si mesmo e aos outros. Mas a idéia de que o mérito próprio é indispensável para a construção do patrimônio líquido não tem necessariamente fundamento na vida real. Como já disse, enriquecer para atestar a capacidade pessoal talvez não torne a pessoa feliz, portanto é melhor conquistar a riqueza por outros motivos. O essencial é perceber que o sentimento de não ser merecedor não impede ninguém de ser bem-sucedido – do ponto de vista estritamente financeiro, pode até ser um ativo motivacional.

Dito isso, quero que você entenda de forma bem clara o que vou afirmar agora. Este pode ser um dos momentos mais importantes da sua vida. Preparado? Então lá vai.

Reconheça que ser ou não merecedor é apenas uma "história" inventada. Mais uma vez: nada tem significado, exceto aquele que nós mesmos atribuímos às coisas. Quanto a você, não sei, mas eu nunca ouvi falar de alguém que ao nascer tenha passado pela "fila do carimbo". Você consegue imaginar Deus carimbando a testa de cada pessoa que acaba de chegar ao mundo? "Merecedor... não merecedor... merecedor... não merecedor. Argh... definitivamente não merecedor." Sinto muito, não acredito que as coisas aconteçam assim. Ninguém lhe impõe esse rótulo. É você mesmo quem faz isso, quem inventa isso e quem decide isso. Você e só você determina se é ou não merecedor. É um ponto de vista exclusivamente seu. Se você diz que é merecedor, então é. Se diz que não é, então não é. Em qualquer hipótese, você viverá a sua própria história. É simples assim.

PRINCÍPIO DE RIQUEZA

Se você diz que é merecedor, então é. Se diz que não é, então não é. Em qualquer hipótese, você viverá a sua própria história. É simples assim.

Mas por que as pessoas fazem isso consigo mesmas? Por que inventam a história de que não são merecedoras? Porque isso é da natureza da mente humana. Você já percebeu que um cão não se preocupa com essas coisas? Consegue imaginar um cachorro dizendo "Não vou enterrar esse osso para o dia em que tiver fome porque não mereço"? Criaturas pouco inteligentes como essa nunca fariam isso consigo mesmas. Somente nós, os seres mais evoluídos do planeta, conseguimos nos limitar dessa maneira.

Um dos meus próprios ditados é: "Se um carvalho de 30m de altura tivesse a mente de um ser humano, cresceria apenas 3m." Eis, portanto, a minha sugestão: como é muito mais fácil mudar a sua história do que o seu senso de merecimento, altere a sua história em vez de se preocupar em modificar o seu senso de merecimento. É bem mais simples e barato. Apenas invente uma história nova e mais positiva e viva-a.

"Eu não posso fazer isso", afirma você. "Sinto muito, mas não sou indicado para dizer se sou ou não merecedor. Isso tem que partir de outra pessoa." Sinto muito, digo eu: a questão definitivamente não é assim. Não faz a menor diferença o que alguém diz agora ou disse no passado porque, para que essa idéia dê resultado, você tem que acreditar nela e aceitá-la por inteiro, e isso não pode ser feito por outra pessoa que não seja você mesmo. No entanto, apenas para fazê-lo sentir-se melhor, vamos jogar o jogo: a partir deste momento, eu o declaro merecedor pelo resto da sua vida.

PRINCÍPIO DE RIQUEZA

"Se um carvalho de 30m de altura tivesse a mente de um ser humano, cresceria apenas 3m."

Portanto, siga este conselho: pare de engolir essa tolice de "não merecimento" e comece a tomar as medidas cabíveis para enriquecer.

O segundo motivo principal da dificuldade de receber é a pessoa ter acreditado no ditado: "Dar é melhor do que receber." Trata-se de um completo disparate. O que é melhor: quente ou frio, grande ou pequeno, esquerda ou direita, claro ou escuro? Dar e receber são as duas faces de uma mesma moeda. Quem inventou que é melhor dar do que receber, sinto muito, era ruim em matemática. Para todo doador tem que haver um recebedor; para todo recebedor tem que haver um doador.

PRINCÍPIO DE RIQUEZA

Para todo doador tem que haver um recebedor; para todo recebedor tem que haver um doador.

Pense no assunto: como você poderia dar algo se, do outro lado, não existisse alguém para receber? As duas pessoas têm que estar em perfeito equilíbrio para que possam atuar meio a meio. E, como dar e receber necessariamente se equivalem, devem também ser iguais em importância.

Além disso, como é a sensação de dar? A maioria de nós provavelmente concorda que o ato de dar nos proporciona um sentimento maravilhoso e gratificante. Por outro lado, como fica o nosso estado de espírito quando queremos dar e a outra pessoa não quer receber? Quase todos nós nos sentimos muito mal com isso. Saiba, portanto, o seguinte: *aquele que não se dispõe a receber "rouba" quem quer lhe dar algo.*

Recusar-se a receber é negar ao outro a alegria e o prazer da doação, é fazê-lo infeliz. Por quê? Porque, como não me canso de dizer, tudo é energia. Quando uma pessoa quer dar alguma coisa e não consegue, essa energia não tem como se expressar e fica presa dentro dela, transformando-se em emoções negativas.

Para piorar as coisas, não estando plenamente propensa a receber, a pessoa está "treinando" o universo a não lhe dar. É simples: se alguém não está aberto a receber a sua parte, ela irá para quem esteja. Esse é um dos motivos que levam os ricos a ficar mais ricos e as pessoas de mentalidade pobre a se ver numa situação cada vez mais difícil. Não é porque os primeiros sejam mais merecedores, mas porque eles admitem receber, enquanto a maior parte daqueles que pensam pequeno não aceita isso.

Aprendi essa lição em grande estilo num acampamento na floresta. Como pretendia passar dois dias ali, montei uma espécie de tenda com uma lona – prendi um dos lados do tecido no chão e o outro a uma árvore, mantendo uma inclinação de 45°. Foi bom ter feito esse abrigo, pois choveu durante toda a noite. Quando saí dali na manhã seguinte, vi que eu, como tudo o mais sob aquele teto improvisado, estava seco, mas que uma poça muito funda se formara do lado de fora, na base da lona. Foi quando escutei a minha voz interna dizer: "A natureza é plena em abundância, mas não discrimina nada nem ninguém. Quando a chuva cai, a água tem que ir para algum lugar. Se uma parte está seca, outra tem que estar duplamente molhada." Olhando a poça, percebi que esse mesmo processo ocorre com o dinheiro. Verdadeiras fortunas circulam por aí em plena abundância, e elas têm que ir para algum lugar. A questão é simples: se uma pessoa não está propensa a receber a sua parte, esta acabará indo para quem está. O dinheiro, como a água da chuva, não liga a mínima para quem vai ficar com ele.

Por conta da experiência naquele abrigo, criei uma oração que diz o seguinte: "Universo, se você mandou uma coisa extraordinária para uma pessoa que não está querendo recebê-la, faça-a chegar até mim. Estou aberto e disposto a aceitar todas as suas bênçãos. Obrigado." Peço aos participantes de meus seminários que repitam isso comigo. As pessoas ficam eufóricas. Elas se entusiasmam porque estar inteiramente aberto a receber é algo incrível, e essa sensação é maravilhosa, pois o natural é se sentir desse jeito. Qualquer alternativa que você tenha inventado para isso é, eu insisto, apenas uma história inútil, que não serve a você nem a ninguém. Deixe a sua história partir e o seu dinheiro chegar.

Quem é rico trabalha muito e acredita que é perfeitamente apropriado ser bem recompensado por seus esforços e pelo valor que agrega aos outros. As pessoas de mentalidade pobre também dão duro, mas o sentimento de que não são merecedoras as faz crer que não é justo serem bem remuneradas por seus esforços e pelo valor que agregam. Essa crença as predispõe ao papel de vítimas. Pergunto: como alguém poderá ser uma "boa" vítima se ganhar bem?

Muitos indivíduos de mentalidade pobre acreditam de verdade que são melhores porque não têm dinheiro. Algo lhes diz que são mais bondosos, piedosos ou espiritualizados. Bobagem. A única coisa que os distingue é estarem freqüentemente numa situação financeira ruim. Num dos seminários, um homem veio falar comigo aos prantos. Ele disse:

– Não consigo imaginar como poderei me sentir bem tendo um monte de dinheiro enquanto outras pessoas possuem tão pouco.

Eu lhe fiz algumas simples perguntas:

– Que bem o senhor pode fazer aos necessitados se também é um deles? A quem o senhor está ajudando se está sem dinheiro? Por acaso o senhor não é uma boca a mais para alimentar? Não seria mais eficaz se enriquecesse e fosse capaz de ajudar as pessoas a partir de uma posição de força em vez de uma posição de fraqueza?

Ele parou de chorar e respondeu:

– Agora entendo. Como posso ter acreditado numa bobagem tão

grande? Harv, acho que chegou a hora de ficar rico e, no caminho, ajudar os outros. Obrigado.

Ele voltou ao seu lugar como um novo homem. Tempos depois, recebi dele um e-mail dizendo que estava ganhando três vezes mais do que antes e que estava impressionado com isso. E o melhor de tudo: que era maravilhoso poder ajudar os seus amigos e familiares que ainda estavam em dificuldades.

Isso me leva a um ponto importante: se você possui meios de ganhar rios de dinheiro, ganhe. Por quê? Porque muitas pessoas – pense sobretudo nas que vivem em regiões assoladas pela fome, pelas guerras e pelas doenças – provavelmente jamais terão essa oportunidade. Se você é um dos afortunados que têm capacidade para fazer isso (e você tem, do contrário não estaria lendo este livro), use todos os recursos de que dispõe para a conquista desse objetivo. Enriqueça e ajude quem não tem a mesma possibilidade que você. Essa atitude faz muito mais sentido do que continuar sem dinheiro e não prestar auxílio a ninguém.

É claro, haverá quem diga: "O dinheiro vai fazer com que eu mude. Se eu enriquecer, posso me tornar um indivíduo ganancioso." Primeiro, as únicas pessoas que dizem isso são as que têm uma mentalidade pobre. Essa idéia não passa de uma justificativa para o fracasso, fruto das muitas ervas daninhas dos seus jardins financeiros "internos". Não caia nessa armadilha.

Segundo, quero deixar bem claro: *o dinheiro apenas intensificará aquilo que você já é.* Se você é mesquinho, o dinheiro lhe dará a oportunidade de ser mais mesquinho. Se você é bom, ele lhe propiciará os meios de ser melhor. Se você tem má índole, ele lhe permitirá ser pior ainda. Se você é generoso, a riqueza só fará com que a sua generosidade aumente. E quem disser que não é assim está, com certeza, numa situação financeira ruim.

PRINCÍPIO DE RIQUEZA

O dinheiro apenas intensificará aquilo que você já é.

O que fazer, então? Como se tornar um bom recebedor?

Primeiro, comece a nutrir a si mesmo. Lembre-se: somos criaturas de hábitos, portanto você terá que praticar conscientemente o ato de receber o melhor que a vida tem para lhe oferecer.

Um dos elementos-chave do sistema de administração do dinheiro que ensino é ter a Conta da Diversão, da qual você poderá sacar um valor designado para gastar com coisas que lhe dão satisfação e o façam sentir-se "milionário". A idéia com essa conta bancária é ajudá-lo a validar o seu merecimento e fortalecer o seu "músculo recebedor".

Segundo, quero que você pratique se sentir emocionado e grato toda vez que achar ou receber algum dinheiro. É engraçado, quando eu estava nas minhas fases de dureza e via uma moeda no chão, jamais me abaixava para apanhá-la. Hoje, que sou rico, pego qualquer coisa que pareça dinheiro. Dou-lhe um beijo de boa sorte e declaro em voz alta: "Eu sou um ímã que atrai dinheiro. Obrigado, obrigado, obrigado."

Não fico ali parado julgando o nome que aquilo tem – dinheiro é dinheiro, e achá-lo é uma bênção do universo. Agora, que estou plenamente aberto a receber qualquer coisa que passa na minha frente, essas dádivas chegam a mim.

Essa disposição é absolutamente essencial para quem quer enriquecer. É também indispensável para os que desejam conservar a fortuna. Se você é mau recebedor e por acaso lhe cai no colo uma quantidade substancial de dinheiro, o mais provável é que ele desapareça num instante. Repito: "Primeiro o interior, depois o exterior." Em primeiro lugar, expanda a sua "caixa" de recebimento, depois observe como o dinheiro surgirá para enchê-la.

Volto a dizer: o universo abomina o vazio. Em outras palavras, um espaço vazio sempre será preenchido. Você já notou o que acontece com uma garagem e um armário desocupados? Eles geralmente não ficam assim por muito tempo. Já reparou também como é estranho que o tempo necessário para a execução de uma tarefa qualquer é sempre igual ao tempo dado para que ela seja concluída? Não? Quando você expandir a sua capacidade de receber, perceberá isso.

E mais: assim que você se tornar aberto a receber, todas as áreas da sua vida passarão a ser igualmente receptivas. Você ganhará não apenas mais dinheiro como mais amor, mais paz, mais felicidade e mais satisfação. Por quê? Por causa de outro princípio que uso com freqüência. Ele diz: "Você faz uma coisa do mesmo modo como faz todas as outras coisas."

PRINCÍPIO DE RIQUEZA

Você faz uma coisa do mesmo modo
como faz todas as outras coisas.

A sua maneira de ser numa área é geralmente a mesma em todos os setores da sua vida. Se você se bloqueia para não receber dinheiro, é provável que também não se abra para aceitar todas as outras coisas boas que poderia ganhar. Em geral, a mente não delimita um campo específico em que a pessoa é má recebedora. Na verdade, ocorre exatamente o contrário: ela tem o hábito de generalizar ao extremo, dizendo: "Você é do jeito que é, sempre e em todos os aspectos."

Se você é um mau recebedor, é assim que age em todas as áreas. A boa notícia é que, quando se tornar um excelente recebedor, será assim também em todos os aspectos: aberto para aceitar *tudo* o que o universo tem a lhe oferecer em *todos* os campos da sua vida.

A única coisa de que você precisa se lembrar é continuar dizendo "obrigado" sempre que obtiver uma bênção.

DECLARAÇÃO

Sou um excelente recebedor. Estou aberto e propenso a receber grandes quantidades de dinheiro na vida.

Eu tenho uma mente milionária!

AÇÕES DA MENTE MILIONÁRIA

1. Pratique ser um excelente recebedor. Toda vez que alguém o elogiar por qualquer motivo, diga apenas: "Obrigado." Não retribua a gentileza na mesma hora. Isso permitirá que você receba plenamente o elogio e se aproprie dele em vez de "mandá-lo de volta", como muita gente faz. Além disso, garante à pessoa que o elogiou a alegria de lhe dar esse presente sem ter o desprazer da devolução.

2. Absolutamente *todo* dinheiro que você achar ou receber deve ser festejado com muito entusiasmo. Vá em frente e declare em alto e bom som: "Eu sou um ímã que atrai dinheiro. Obrigado, obrigado, obrigado." Isso vale para o dinheiro que você encontrar no chão, para aquele que receber de presente, para aquele que vier do governo, para aquele que chegar às suas mãos como pagamento e para aquele que o seu negócio lhe proporcionar. Lembre-se: o universo está programado para apoiá-lo. Caso você continue declarando que é um ímã que atrai dinheiro – e especialmente se você tem uma prova disso –, o universo dirá apenas "Certo" e lhe enviará mais.

3. Trate-se com carinho. Pelo menos uma vez por mês, tome uma atitude especial para agradar a você mesmo e ao seu espírito. Receba massagens, corte o cabelo num salão chique, se dê um almoço ou jantar refinado, alugue um barco ou uma casa de praia ou peça a alguém que lhe sirva o café da manhã na cama. Faça coisas que lhe permitam se sentir rico e merecedor. Mais uma vez: a energia vibracional que você emite nesse tipo de experiência enviará ao universo a mensagem de que a abundância está presente na sua vida e, insisto, o universo simplesmente fará o seu trabalho, dizendo "Certo", e lhe dará oportunidades de receber mais.

Arquivo de riqueza nº 11

As pessoas ricas preferem ser remuneradas por seus resultados. As pessoas de mentalidade pobre preferem ser remuneradas pelo tempo que despendem.

Você já deve ter ouvido este conselho: "Vá à escola, tire boas notas, arranje um bom emprego, consiga um contracheque 'estável', seja pontual, trabalhe duro... e será feliz para sempre." Não sei qual é a sua opinião a respeito disso, mas eu gostaria de ter a garantia dessa promessa por escrito. Infelizmente, esse sábio conselho vem do *Livro dos Contos de Fadas*, volume 1.

Não vou me dar ao trabalho de desmascarar essa afirmação. Você é capaz de fazer isso sozinho, observando a sua própria experiência e a vida das pessoas ao seu redor. O que quero analisar é a idéia que está por trás do contracheque "estável". Não há nada errado em ter um contracheque assim, a não ser que ele interfira na capacidade que você possui de ganhar o que merece. É nesse ponto que está o problema: ele geralmente interfere.

PRINCÍPIO DE RIQUEZA

Não há nada errado em ter um contracheque estável, a não ser que ele interfira na capacidade que você possui de ganhar o que merece. É nesse ponto que está o problema: ele geralmente interfere.

As pessoas de mentalidade pobre preferem receber um salário garantido ou ser remuneradas por horas trabalhadas. Precisam da "segurança" de saber que terão aquela exata quantidade de dinheiro sempre na mesma data, todo mês. O que elas não percebem é que essa segurança tem um preço, e o preço é a riqueza.

A vida baseada na segurança é uma vida fundamentada no medo. Na verdade, o que a pessoa está dizendo é: "Temo não ser capaz de ganhar o suficiente pelo meu desempenho, por isso me contento em receber o suficiente para sobreviver ou ter algum conforto."

As pessoas ricas escolhem ser remuneradas pelos resultados que produzem, se não totalmente, pelo menos em parte. Elas costumam ter o seu próprio negócio. Tiram os seus rendimentos dos lucros que obtêm. Ganham por comissão ou por percentual de receita. Preferem ações da empresa ou participação nos lucros a salários altos. Observe que nenhuma dessas fontes de renda dá garantias. Como disse antes, no mundo financeiro as recompensas são geralmente proporcionais aos riscos.

Os ricos acreditam em si mesmos. Crêem no seu valor e na sua capacidade de agregá-lo ao mercado. Pessoas que pensam pequeno, não. É por isso que precisam de garantias.

Certa vez, negociei com uma assessora de relações públicas que queria que eu lhe pagasse honorários mensais de US$ 4 mil. Perguntei-lhe o que eu receberia em troca. Ela respondeu que eu teria pelo menos o equivalente a US$ 20 mil em divulgação na imprensa por mês, em média. Eu quis saber: "E se você não produzir esse resultado ou algo próximo a isso?" Ela afirmou que de qualquer modo estaria dispondo do seu tempo, por isso merecia esse valor.

Eu lhe disse: "Não estou interessado em remunerá-la pelo seu tempo, mas por determinado resultado. Se você não o alcançar, por que devo lhe pagar? Por outro lado, caso você obtenha um resultado melhor, receberá mais. Preste atenção: eu lhe darei 50% de qualquer valor médio que você produzir. De acordo com os seus números, isso corresponderia a honorários mensais de US$ 10 mil, ou seja, mais do que o dobro do que você pretende ganhar."

Ela topou? De jeito nenhum. Ela vai bem? Não, e continuará assim até descobrir que, para ficar rica, precisa receber por seus resultados.

As pessoas de mentalidade pobre trocam tempo por dinheiro. O problema dessa estratégia é que o seu tempo é limitado. Portanto, elas invariavelmente acabam quebrando a regra de riqueza nº 1, que diz: "Nunca estabeleça um teto para os seus rendimentos." Ao optar por ser remunerado pelo tempo que despende, você estará matando as chances de ficar rico.

PRINCÍPIO DE RIQUEZA

Nunca estabeleça um teto para os seus rendimentos.

Essa regra também se aplica aos negócios de prestação de serviços, em que, geralmente, as pessoas são remuneradas por horas trabalhadas. É por isso que advogados, contadores, consultores e outros profissionais que ainda não são sócios das empresas para as quais colaboram – e, portanto, de cujos lucros não participam – só conseguem, na melhor das hipóteses, rendimentos moderados.

Suponha que você está no ramo de canetas e recebe um pedido de 50 mil unidades. O que faria nesse caso? Telefonaria para o seu fornecedor, encomendaria as 50 mil canetas, as entregaria ao cliente e embolsaria o lucro, feliz da vida. Agora imagine que você é um exímio massagista e tem 50 mil clientes fazendo fila à sua porta, todos eles querendo os seus serviços. O que você faz? Simplesmente se rói de arrependimento por não estar no ramo de canetas. O que mais pode fazer? Experimente explicar à última pessoa da fila que o atendimento vai demorar "um pouco" porque a consulta terá que ser marcada para as 15h15 de uma terça-feira daqui a quatro décadas.

Não estou sugerindo que é errado prestar serviços pessoais. Apenas não espere ficar rico tão cedo, a não ser que você invente uma forma de se duplicar ou de alavancar a si mesmo.

Nos seminários, freqüentemente encontro assalariados e profissionais que são remunerados por hora que se queixam de não estar ganhando tanto quanto merecem. A minha resposta é: "Na opinião de quem? Tenho certeza de que o seu patrão acredita que está lhe pagando de forma justa. Por que você não sai do esquema do salário e pede que o seu pagamento seja feito, parcial ou integralmente, com base no seu desempenho? Ou, se não for possível, por que não trabalha por conta própria? Só assim saberá que está recebendo o que merece." Mas esse conselho, por alguma razão, não parece satisfazer essas pessoas que, obviamente, morrem de medo de testar o seu real valor no mercado.

A resistência que as pessoas costumam ter à idéia de receber por seus resultados decorre, muitas vezes, apenas do medo de romper com o velho condicionamento. Pela minha experiência, vejo que a maioria daqueles que estão empacados num emprego estável tem uma programação passada que lhe diz que essa é a maneira "normal" de ser remunerado por seu trabalho.

Os pais não podem ser responsabilizados por isso. (Se você for uma boa vítima, acho até que colocará a culpa neles.) Em geral, eles tendem a ser abertamente protetores. Portanto, no seu modo de entender, é natural querer que os seus filhos tenham uma existência segura em termos financeiros. Como você já deve ter percebido, qualquer trabalho que não proporcione um contracheque estável geralmente produz aquela terrível reação por parte deles: "Quando é que você vai arranjar um emprego de verdade?"

Quando os meus pais me faziam essa pergunta, felizmente a minha resposta era: "Se Deus quiser, nunca!" A minha mãe ficava arrasada. Mas o meu pai dizia: "É isso mesmo. Você jamais ficará rico trabalhando para outra pessoa em troca de salário. Se é para ter um emprego, faça questão de que lhe paguem em porcentagem. Ou, então, o melhor é trabalhar por conta própria."

Eu também o aconselho a adotar esse esquema. Escolha entre abrir o seu próprio negócio, trabalhar por comissão ou receber uma porcentagem da receita, dos lucros ou das ações da empresa. Qualquer que seja a sua decisão, assegure-se de criar uma situação que lhe permita ganhar com base nos seus resultados.

Acredito que a maioria das pessoas deveria trabalhar por conta própria, em tempo integral ou parcial. O principal motivo disso é que *a maior parte dos milionários enriqueceu montando um negócio próprio.*

Se você não tem uma idéia brilhante para iniciar um negócio, não se preocupe: use a de alguém. Por exemplo, trabalhe como um vendedor comissionado. A atividade de vendas costuma produzir resultados financeiros excelentes. Caso seja bom nisso, terá a chance de ganhar uma fortuna.

Em alguns países, como os Estados Unidos, uma ótima opção é entrar para uma empresa de marketing de rede – um sistema de distribuição que movimenta bens e/ou serviços do fabricante para o consumidor por meio de uma "rede" de empresários independentes, sem a necessidade de pontos-de-venda. Os produtos são adquiridos por eles diretamente da empresa a preço de distribuidor e revendidos a preço de tabela ao consumidor final.

Mesmo com pouco dinheiro, a pessoa pode se tornar um empresário/distribuidor e desfrutar das vantagens de possuir um negócio próprio com um pequeno número de inconvenientes administrativos. Porém, e isso é importante, não pense nem por um minuto que alguém consegue ser bem-sucedido nessa atividade sem se dedicar – o negócio só dá certo quando o trabalho é bem-feito. O êxito nesse ramo depende de treinamento, tempo e energia.

Outra opção é trocar o emprego por uma relação contratual. Se o seu empregador estiver disposto, ele pode contratar a sua empresa em vez da sua pessoa para realizar basicamente as mesmas atividades que você executa agora. Algumas exigências legais têm que ser atendidas, mas o importante é que, caso você consiga um ou dois clientes a mais, mesmo em tempo parcial, poderá receber como empresário em vez de como empregado e desfrutar das vantagens fiscais correspondentes. Quem sabe o tempo parcial se torna tempo integral, dando-lhe a oportunidade de alavancar a si mesmo, contratar outras pessoas para fazer o trabalho e, finalmente, dirigir o seu próprio negócio?

Você deve estar pensando: "O meu patrão jamais concordaria com isso." Eu não teria tanta certeza. Entenda que o custo de um funcionário para a empresa é bastante alto – ela tem que pagar não apenas o salário, mas uma série de encargos trabalhistas que podem chegar a 80% do valor dessa remuneração. É claro que, em alguns casos, você talvez tenha que abrir mão dos benefícios que recebe como funcionário, mas, só com o que estará economizando em impostos, poderá adquirir o que há de melhor para satisfazer as suas necessidades.

No fim das contas, a única maneira de você ganhar o que realmente merece é receber com base nos seus resultados. Não custa lembrar o que meu pai me dizia: "Você jamais ficará rico trabalhando para outra pessoa em troca de um salário. Se é para ter um emprego, faça questão de que lhe paguem em porcentagem. Ou, então, trabalhe por conta própria."

Isso é que é conselho sábio.

DECLARAÇÃO

Prefiro ser remunerado com base nos meus resultados.
Eu tenho uma mente milionária!

AÇÕES DA MENTE MILIONÁRIA

1. Se atualmente você trabalha por um salário mensal, crie e depois proponha ao seu empregador um plano de remuneração que lhe permita receber, ao menos parcialmente, com base nos seus resultados pessoais, bem como nos resultados da empresa. Caso você tenha um negócio próprio, estabeleça um plano de remuneração que permita aos seus colaboradores e fornecedores receberem basicamente pelos resultados que produzem e pelos resultados da sua empresa.

2. Se você está empregado e não ganha o que merece com base nos resultados que alcança, pense em abrir um negócio próprio, ainda que em tempo parcial. Uma opção é oferecer serviços independentes de consultoria à empresa para a qual trabalha, mas agora recebendo por desempenho e resultados, e não apenas pelo seu tempo.

Arquivo de riqueza nº 12

As pessoas ricas pensam: "Posso ter as duas coisas."
As pessoas de mentalidade pobre pensam:
"Posso ter uma coisa ou outra."

As pessoas ricas vivem numa realidade de abundância. As pessoas de mentalidade pobre vivem num universo de limitações. Embora elas habitem o mesmo mundo físico, a diferença está nas suas perspectivas. Os indivíduos que pensam pequeno cultivam conceitos baseados na escassez. Deixam-se guiar por lemas como "Nunca se tem o bastante" e "Não se pode ter tudo". Mesmo assim, embora ninguém possa ter "tudo" – afinal, isso faz parte da vida –, eu acredito que você, com toda a certeza, é capaz de possuir "tudo o que realmente quer".

Você almeja uma carreira de sucesso ou ter mais tempo para ficar com a sua família? Ambos. Você quer se dedicar aos negócios ou se divertir? Ambos. Você deseja dinheiro ou uma vida com sentido? Ambos. Você pretende enriquecer ou fazer o trabalho que ama? Ambos. As pessoas de mentalidade pobre sempre escolhem uma coisa ou outra, enquanto os ricos optam por ambas. Eles entendem que, com um pouco de criatividade, podem quase sempre imaginar uma forma de possuir o melhor dos dois mundos.

De agora em diante, quando você se confrontar com uma situação do tipo "ou uma coisa ou outra", a questão fundamental a perguntar a si mesmo é: "Como posso ter as duas coisas?" Esse questionamento mudará a sua vida. Ele o livrará de um modelo de escassez e limitação e, em troca, lhe dará um universo de possibilidades e abundância.

Isso não se aplica apenas às coisas que você quer, mas a todas as áreas da sua vida. Por exemplo: certa vez, tive que lidar com um fornecedor insatisfeito que achava que a minha empresa, a Peak Potentials, devia pagar despesas extras que ele não havia originalmente previsto. O meu entendimento foi de que a estimativa dos seus próprios custos era assunto dele, e não meu. E, se ele havia tido mais gastos do que o previsto, aquilo era algo que cabia a ele mesmo resolver. Eu estava mais do que disposto a negociar um novo acordo para uma próxima vez, porém, no caso daquele serviço especificamente, fiz questão absoluta de manter tudo o que tinha sido acertado entre nós. Nos meus tempos de vacas magras, eu teria entrado nessa discussão com o objetivo de defender o meu ponto de vista e deixar claro que não pagaria ao sujeito um único centavo a mais do que o combinado. E, mesmo que pretendesse mantê-lo como fornecedor, aquela situação provavelmente acabaria numa grande briga. Partiria do princípio de que só haveria um vencedor.

No entanto, como àquela altura eu já estava treinado a pensar em termos de conseguir "as duas coisas", entrei na discussão completamente aberto a criar uma situação em que não pagaria um único centavo a mais e o meu fornecedor ficaria felicíssimo com o acerto que fizéssemos. Em outras palavras, a minha meta era alcançar os dois objetivos. E foi o que consegui.

Veja outro exemplo. Houve uma época em que decidi comprar uma casa de férias no Arizona. Vasculhei a área em que estava interessado e todos os agentes imobiliários me disseram que, se eu quisesse uma casa de três quartos com um escritório nessa região, teria que desembolsar mais de US$ 1 milhão. A minha intenção, porém, era gastar menos de US$ 1 milhão. A maioria das pessoas reduziria a sua expectativa ou aceitaria pagar o valor apontado pelos corretores. Eu me propus a conseguir a casa e manter a quantia que estava disposto a desembolsar por ela. Depois, recebi um telefonema com a notícia de que os proprietários de uma casa no lugar que eu desejava e com o número de cômodos que eu queria haviam reduzido o seu preço em US$ 200 mil, ou seja, menos de US$ 1 milhão. Mais um tributo à intenção de obter as duas coisas.

Finalmente, sempre disse aos meus pais que não pretendia me tornar escravo de um trabalho que eu não apreciasse e que "ficaria rico fazendo aquilo que amava". A resposta era sempre a mesma:

"Você vive num mundo de sonhos. A vida não é um mar de rosas. Negócios são negócios, prazer é prazer. Cuide primeiro de ganhar o seu sustento. Depois, se sobrar tempo, curta a vida."

Lembro-me perfeitamente de dizer a mim mesmo: "Se eu seguir esse conselho, acabarei como eles. Não, eu vou conseguir as duas coisas." Foi muito difícil. Às vezes eu era obrigado a ficar uma ou duas semanas fazendo um trabalho que detestava para poder comer e pagar o aluguel. Mas nunca abri mão da intenção de alcançar os meus dois objetivos. Jamais permaneci muito tempo num emprego ou negócio que eu não apreciava. No fim, fui capaz de enriquecer fazendo aquilo de que gostava. Agora que sei que isso é possível, continuo em busca somente de trabalhos e projetos que me dão prazer. E o melhor de tudo: hoje tenho o privilégio de ensinar outras pessoas a agir desse modo.

Em nenhuma outra área o pensamento de que podemos ter "as duas coisas" é mais importante do que no campo financeiro. As pessoas de mentalidade pobre acreditam que devem optar entre a riqueza e os demais aspectos da vida, por isso racionalizam a posição de que o dinheiro não é tão importante.

Como já disse, essa idéia está errada. Afirmar que o dinheiro não é tão relevante quanto as outras coisas da vida é absurdo. Volto a perguntar: o que é mais importante – o seu braço ou a sua perna? Ambos, é claro.

O dinheiro é um lubrificante. Ele lhe permite "deslizar" pela vida, em vez de "se arrastar" por ela. Proporciona liberdade – para você comprar o que desejar e fazer o que quiser do seu próprio tempo. Com ele você tem condições de desfrutar o que há de melhor e também a oportunidade de ajudar outras pessoas a satisfazer as suas necessidades básicas. Acima de tudo, ser rico faz com que você não precise gastar a sua energia se preocupando com a falta de dinheiro.

A felicidade também é importante. Repito: é nesse ponto que as pessoas que pensam pequeno se confundem. Muitas delas acreditam que dinheiro e felicidade são mutuamente excludentes: ou se é rico *ou* se é feliz. Isso não passa da programação de quem pensa pequeno.

Uma pessoa que é rica, em todos os sentidos dessa palavra, entende que as duas coisas são indispensáveis. Da mesma forma como precisamos de dois braços e de duas pernas, necessitamos de dinheiro *e* felicidade.

Você pode comer o bolo e ter o bolo!

Chegamos, portanto, a outra importante diferença entre os indivíduos ricos e os de mentalidade pobre.

PRINCÍPIO DE RIQUEZA

As pessoas ricas acreditam que "se pode comer o bolo e ter o bolo". As pessoas que têm um pensamento de classe média crêem que "bolo é doce demais, por isso só se deve comer um pedacinho". As pessoas de mentalidade pobre, por acreditarem que não merecem bolo, pedem uma rosquinha, se concentram no furo e se perguntam por que elas não têm "nada".

Eu lhe pergunto: de que serve ter o "bolo" se você não pode comê-lo? O que exatamente você deve fazer com ele? Colocá-lo numa mesa e ficar olhando? Bolo serve para ser comido e saboreado.

O modo de pensar "ou uma coisa ou outra" também ilude as pessoas que acreditam na seguinte idéia: "Para eu ter mais, alguém tem que ter menos." Volto a dizer: isso não passa de uma programação restritiva baseada no medo. A noção de que os ricos apropriam-se de todo o dinheiro deste mundo e por isso não sobra para ninguém mais é absurda. Primeiro, essa crença pressupõe que a quantidade de dinheiro existente é limitada. Não sou economista, mas, até onde consigo perceber, notas e mais notas continuam a ser impressas.

Há décadas a oferta de dinheiro não está vinculada a nenhum ativo. Portanto, mesmo que hoje os ricos possuíssem toda a riqueza do planeta, amanhã haveria milhões, talvez bilhões mais, disponíveis.

Outro aspecto que os simpatizantes dessa visão limitada parecem não observar é que o mesmo dinheiro pode ser usado indefinidamente para criar valor para todas as pessoas. Vou dar um exemplo. Nos seminários, peço a cinco participantes que se dirijam ao palco levando consigo um objeto. Dou uma nota de US$ 5 à pessoa nº 1 e lhe digo para comprar algo da pessoa nº 2 com aquele dinheiro. Suponha que ela adquira uma caneta. Agora a pessoa nº 1 tem uma caneta e a pessoa nº 2, US$ 5. A pessoa nº 2 usa então os mesmos US$ 5 para comprar, digamos, uma prancheta da pessoa nº 3. Depois, com aquela mesma nota, a pessoa nº 3 adquire um laptop da pessoa nº 4. Espero que você tenha captado a imagem e a mensagem. Os mesmos US$ 5 foram usados para levar valor a cada pessoa que o possuiu. Aquela nota passou por cinco indivíduos e criou US$ 5 em valor para cada um deles e um total de US$ 25 em valor para o grupo. Portanto, os US$ 5, além de não terem se esgotado, circularam e criaram valor para todos.

As lições são claras. Primeiro, o dinheiro não se esgota – a mesma nota pode ser usada anos e anos e por milhares de pessoas. Segundo, quanto mais rico é um indivíduo, mais dinheiro ele pode colocar em circulação, permitindo que outras pessoas tenham mais dinheiro para trocar por mais valor.

Isso é exatamente o contrário do que prega o pensamento baseado em "ou uma coisa ou outra". Quando uma pessoa possui dinheiro e o usa, tanto ela quanto o indivíduo com quem aquela quantia foi gasta têm, *ambos*, o valor. Para ser direto: se você está tão preocupado com as outras pessoas e quer se assegurar de que elas tenham a sua parte (como se existisse uma parte), faça o que puder para enriquecer e espalhar mais dinheiro por aí.

Eu o estimulo a se livrar do mito de que o dinheiro é mau e de que você deixará de ser tão "bom" ou tão "puro" se enriquecer. Essa crença é uma grande besteira, e, se você continuar a aceitá-la, ficará empacado num importante aspecto de sua vida.

Ser bondoso, generoso e afetuoso não tem nada a ver com a quantidade de notas que há na sua carteira – essas qualidades vêm do que existe no seu coração. Ser puro e espiritualizado não tem relação com a sua conta bancária – esses atributos se originam do que está na sua alma. Acreditar que o dinheiro tem o poder de torná-lo bom ou mau não passa do modo de pensar "ou uma coisa ou outra", puro lixo programado que não ajuda em nada a sua felicidade e o seu sucesso.

Essa idéia também não tem a menor utilidade para as pessoas ao seu redor, especialmente para as crianças. Se você faz absoluta questão de ser uma boa pessoa, seja bom o suficiente para não infectar a geração seguinte com crenças equivocadas que possa ter adotado sem querer.

Caso deseje viver de fato uma vida sem limites, deixe de lado o modo de pensar excludente e mantenha a intenção de ter as duas coisas.

DECLARAÇÃO

Eu sempre penso: "Posso ter as duas coisas."
Eu tenho uma mente milionária!

AÇÕES DA MENTE MILIONÁRIA

1. Pratique pensar em ter "as duas coisas" e crie maneiras de conseguir isso. Sempre que se encontrar diante de duas alternativas, pergunte-se: "Por que não posso ter ambas?"

2. Conscientize-se de que dinheiro em circulação acrescenta valor à vida de todas as pessoas. Sempre que você gastar dinheiro, diga a si mesmo: "Esse dinheiro passará por centenas de indivíduos e criará valor para todos eles."

3. Pense em si próprio como um exemplo para os outros – mostrando que é possível ser bondoso, generoso, afetuoso e rico.

Arquivo de riqueza nº 13

As pessoas ricas focalizam o seu patrimônio líquido. As pessoas de mentalidade pobre focalizam o seu rendimento mensal.

Em geral, quando o assunto é dinheiro, as pessoas freqüentemente perguntam: "Quanto você ganha?" É raro ouvirmos: "Quanto vale o seu patrimônio?" Pouca gente fala assim, a não ser nos ambientes de alta classe.

Nesses lugares, as conversas sobre dinheiro costumam dizer respeito ao patrimônio: "O Pedro acabou de vender as ações. Ele tem agora um patrimônio de mais de R$ 3 milhões. A empresa de João abriu o capital. Ele agora possui R$ 5 milhões. A Maria vendeu a firma e agora tem R$ 8 milhões." Ninguém diz: "Sabia que o Ricardo ganhou um aumento, além de uma ajuda de custo de 2%?"

PRINCÍPIO DE RIQUEZA

A verdadeira medida da riqueza é o patrimônio líquido e não os rendimentos.

A verdadeira medida da riqueza é o patrimônio líquido e não os rendimentos. Sempre foi e sempre será. O patrimônio líquido é o valor de tudo o que uma pessoa tem. Para determinar o seu patrimônio, some o valor de todas as coisas que você possui – dinheiro, ações, títulos, imóveis, o seu negócio atual, a sua casa – e depois subtraia tudo o que deve. O patrimônio líquido é a medida definitiva da riqueza porque, se necessário, os bens podem ser liquidados, ou seja, convertidos em dinheiro.

Quem é rico sabe que há uma imensa diferença entre rendimentos e patrimônio líquido. Os primeiros são importantes, mas constituem apenas um dos quatro fatores determinantes do patrimônio líquido, que são:

1. Rendimentos
2. Poupança
3. Investimentos
4. Simplificação

Toda pessoa rica compreende que a construção de um patrimônio líquido substancial resulta de uma equação que contém esses quatro elementos. Como todos eles são essenciais, examinarei um a um.

Existem dois tipos de rendimentos: ativos e passivos. Rendimento ativo é o dinheiro que você ganha por seu trabalho: o seu salário ou, caso seja um empresário, a renda ou os lucros que obtém com o seu próprio negócio. O rendimento ativo é importante porque, na sua ausência, é quase impossível chegar aos outros três fatores do patrimônio líquido.

É com os rendimentos ativos que enchemos o nosso "funil financeiro", por assim dizer. Em condições normais, quanto maior o rendimento ativo, mais podemos poupar e investir. Embora esse tipo de rendimento seja fundamental, eu repito: o seu valor depende da parte que ele ocupa no conjunto do patrimônio líquido.

Rendimento passivo é o dinheiro que você recebe sem trabalhar ativamente. Depois abordarei o rendimento passivo com mais detalhes. Por ora, considere-o uma das fontes de abastecimento do seu funil financeiro, que pode ser usada para gastos, poupança e investimento.

Poupar também é indispensável. Se você ganhar rios de dinheiro e não conservar nenhum, não fará fortuna. Muita gente tem um modelo de dinheiro programado para gastar – quanto mais ganha, mais gasta. São indivíduos que optam pela gratificação imediata em detrimento do equilíbrio a longo prazo. Os gastadores têm três lemas. O primeiro é: "Ah, é só dinheiro." Conseqüentemente, dinheiro é algo que eles não possuem em grande quantidade. O segundo é: "Tudo que vai vem." Pelo menos é do que gostariam, porque o seu terceiro lema é: "Sinto muito, agora não dá. Estou quebrado."

Sem rendimentos para encher o funil financeiro e sem poupança para conservá-lo, é impossível passar ao próximo fator do patrimônio líquido.

Depois que tiver começado a poupar uma parte apropriada dos seus rendimentos, você pode chegar à etapa seguinte: fazer o seu montante de dinheiro aumentar por meio de investimentos. Em geral, quanto melhores os investimentos, mais rápido o dinheiro cresce e mais patrimônio líquido ele proporciona. *As pessoas ricas despendem tempo e energia aprendendo a investir e têm orgulho de ser excelentes investidoras ou, pelo menos, de contratar ótimos profissionais para executar essa tarefa por elas.* Quem tem a mentalidade pobre pensa que investimento é coisa de rico. E, como nunca aprende a fazer isso, continua na pior. Volto a dizer: todas as partes da equação são importantes.

O quarto fator do patrimônio líquido pode ser considerado o azarão do páreo: pouca gente reconhece a sua importância para a criação da riqueza. Trata-se da "simplificação". Ela caminha lado a lado com a poupança e requer o estabelecimento consciente de um estilo de vida em que você dependa menos de dinheiro. Com a redução do seu custo de vida, aumentam a poupança e também a quantidade de dinheiro disponível para investir.

Para ilustrar o poder da simplificação, vou contar a história de uma participante do Seminário da Mente Milionária. Aos 23 anos de idade, Sue tomou uma sábia decisão: comprou uma casa. Nesse negócio, ela gastou pouco menos de US$ 300 mil. Sete anos depois houve um boom no mercado imobiliário e Sue vendeu a casa por mais de US$ 600 mil, obtendo um lucro superior a US$ 300 mil. Ela pensou em adquirir uma nova casa, mas, após participar do seminário, percebeu que, se investisse o dinheiro com juros de 10% e simplificasse o seu estilo de vida, poderia viver confortavelmente dos rendimentos sem nunca mais ter que trabalhar. Em vez de comprar uma nova casa, Sue foi morar com a irmã. Hoje, aos 30 anos, ela é financeiramente livre. Não conquistou a independência ganhando uma tonelada de dinheiro, mas reduzindo conscientemente as suas despesas pessoais. Sim, ela ainda trabalha – porque gosta –, porém não precisaria mais fazer isso. Na verdade, Sue só trabalha seis meses por ano. Os outros seis meses ela passa nas ilhas Fiji – primeiro, porque adora o lugar; segundo, porque, como diz, lá o seu dinheiro rende muito mais. Como vive entre os moradores locais e não entre os turistas, os seus gastos não são grandes. Você conhece alguém que pode ficar seis meses por ano numa ilha tropical sem precisar trabalhar, na flor dos seus 30 anos? E que tal aos 40, 50, 60 ou em qualquer outra idade? Tudo isso aconteceu porque Sue criou um estilo de vida simples. Assim, não precisa de nenhuma fortuna para se sustentar.

Quanto lhe custa, portanto, ser financeiramente feliz? Se você sente necessidade de morar numa verdadeira mansão, ter 10 carros e três casas de veraneio, dar a volta ao mundo todo ano, comer caviar e beber o melhor champanhe para preencher a sua vida, ótimo. Saiba, no entanto, que está colocando o seu sonho de felicidade num patamar extremamente alto e pode precisar de um tempo enorme para alcançá-lo.

Mas, caso você não faça questão de todos esses "brinquedos" para ser feliz, é provável que concretize o seu objetivo financeiro mais cedo.

Volto a dizer: a construção do patrimônio líquido é uma equação de quatro partes. Considere a seguinte analogia. Imagine-se dirigindo um ônibus. Como seria a viagem se esse veículo só tivesse uma roda? Provavelmente lenta, acidentada, cheia de percalços – você ficaria girando em círculos. Soa familiar? As pessoas ricas jogam o jogo do dinheiro com as quatro rodas. Por isso a viagem que fazem é tão rápida, suave, direta e relativamente tranqüila.

A propósito, uso a analogia do ônibus porque, depois de alcançar o sucesso, a sua meta pode ser levar outras pessoas nesse passeio.

Aqueles que têm uma mentalidade pobre ou uma visão de classe média jogam o jogo do dinheiro com uma roda só. Acreditam que o único jeito de enriquecer é ganhando rios de dinheiro. Eles pensam assim porque nunca fizeram fortuna. Não conhecem a lei de Parkinson: "A despesa cresce na proporção direta da receita."

Veja o que normalmente acontece na nossa sociedade. A pessoa tem um carro, depois ganha mais dinheiro e compra um carro melhor; possui uma casa, depois ganha mais dinheiro e adquire uma casa maior; tem roupas, depois ganha mais dinheiro e compra roupas mais caras; tem férias, depois ganha mais dinheiro e gasta mais nas férias. É claro que existem exceções a essa regra, pouquíssimas, aliás. Em geral, à medida que os rendimentos aumentam, os gastos sobem também. É por isso que apenas os rendimentos por si mesmos não criam riqueza.

Este livro se chama *Os segredos da mente milionária.* Eu pergunto: *milionária* se refere aos rendimentos ou ao patrimônio líquido? Ao patrimônio líquido. Portanto, se você pretende ser um milionário ou algo mais do que isso, tem que focalizar a construção desse patrimônio, que, como já demonstrei, depende de muitas coisas além dos seus rendimentos.

Adote a política de conhecer o seu patrimônio líquido até o último centavo. Vou lhe sugerir um exercício que pode mudar a sua vida financeira.

Pegue uma folha de papel e escreva o cabeçalho PATRIMÔNIO LÍQUIDO. Em seguida, crie uma planilha simples, começando com zero e terminando com o objetivo que você considerar adequado. Anote o seu patrimônio líquido atual. A cada 90 dias, inclua o seu novo patrimônio líquido. Desse modo, você se verá ficando cada vez mais rico. Por quê? Porque estará monitorando esse patrimônio.

Lembre-se: aquilo que focalizamos se expande. Como sempre digo nos treinamentos que organizo: "É onde a atenção está que a energia flui e o resultado aparece."

PRINCÍPIO DE RIQUEZA

É onde a atenção está que a energia flui
e o resultado aparece.

Monitorando o seu patrimônio líquido, você se concentra nele. Como aquilo que a mente focaliza se expande, esse patrimônio crescerá. Por falar nisso, essa lei vale para todos os aspectos da vida: tudo aquilo de que você cuida cresce.

Para isso, eu lhe recomendo procurar um bom consultor financeiro. Esse profissional pode ajudá-lo a monitorar e construir o seu patrimônio líquido. Ele o orientará sobre como organizar as suas finanças e lhe ensinará maneiras de poupar e fazer o seu dinheiro crescer.

A melhor forma de encontrar um bom consultor é buscar referências com um amigo ou parceiro que esteja satisfeito com um especialista nessa área. Não estou lhe dizendo para aceitar tudo o que esse profissional disser como um dogma. A minha sugestão é que você escolha alguém com as qualificações necessárias para orientá-lo a planejar e controlar as suas finanças. Um bom consultor lhe fornecerá instrumentos, programas de computador, conhecimentos e recomendações que o ajudarão a adquirir hábitos de investimento geradores de riqueza. Em geral, eu recomendo que seja uma pessoa que trabalhe com todo tipo de produtos financeiros, e não apenas com seguros e fundos, para que você possa escolher as opções que mais lhe convêm.

DECLARAÇÃO

Estou concentrado na construção do meu patrimônio líquido.
Eu tenho uma mente milionária!

AÇÕES DA MENTE MILIONÁRIA

1. Mantenha-se concentrado nos quatro fatores do patrimônio líquido: aumentar os seus rendimentos, engordar a sua poupança, elevar o retorno dos seus investimentos e diminuir os gastos pessoais, simplificando o seu estilo de vida.

2. Crie um extrato do seu patrimônio líquido. Atualize em reais tudo o que você tem (os seus ativos) e subtraia o valor de tudo

o que deve (o seu passivo). Comprometa-se a monitorar e revisar trimestralmente esse extrato. Repito: por força da lei do foco, tudo aquilo de que você cuida cresce.

3. Contrate um consultor financeiro bem-sucedido que trabalhe para uma firma conhecida e conceituada. A melhor forma de encontrar um excelente especialista nessa área é pedir referências a amigos e parceiros.

Arquivo de riqueza nº 14

As pessoas ricas administram bem o seu dinheiro. As pessoas de mentalidade pobre administram mal o seu dinheiro.

Para escrever *O milionário mora ao lado*, Thomas Stanley pesquisou milionários de toda a América do Norte. O livro mostra quem são eles e como fizeram fortuna. As suas lições podem ser resumidas numa única frase: "Os ricos sabem gerir as suas finanças." As pessoas ricas administram bem o seu dinheiro. As pessoas de mentalidade pobre, não.

Os ricos não são mais inteligentes do que os indivíduos de mentalidade pobre, apenas têm hábitos diferentes e mais positivos em relação às finanças. Como expliquei na parte 1, esses hábitos se baseiam primordialmente no condicionamento passado. Se alguém não controla o próprio dinheiro de modo adequado, é porque provavelmente não foi programado para lidar com esse assunto. E é possível também que essa pessoa não saiba gerir o seu dinheiro de forma simples e eficaz. Não sei se é o seu caso, mas a faculdade que freqüentei não oferecia o curso Administração do Dinheiro.

Talvez esse tema não tenha muito glamour, mas ele se resume a isto: *o que distingue o sucesso do fracasso financeiro é a capacidade que a pessoa tem de administrar o próprio dinheiro. É simples: para controlar dinheiro, é necessário administrá-lo.*

Quem pensa pequeno administra mal suas finanças ou evita esse tema completamente. Muitos indivíduos não gostam de gerir a sua vida financeira porque, segundo dizem, isso lhes tira a liberdade ou porque não têm dinheiro suficiente para controlar.

Quanto à primeira desculpa: administrar dinheiro não restringe a liberdade de ninguém – ao contrário, a aumenta. Tomar a frente dessa atividade é o que dá a uma pessoa a situação financeira de que ela precisa para nunca mais ter que trabalhar na vida. Essa, para mim, é a verdadeira liberdade.

Os que se valem do argumento "não tenho dinheiro suficiente para administrar", por sua vez, estão olhando pelo lado errado do telescópio. *Em lugar de dizerem "Quando eu possuir muito dinheiro, começarei a administrá-lo", devem dizer "Quando eu começar a administrar as minhas finanças, terei muito dinheiro".*

Quem pretende passar a controlar o dinheiro assim que "sair do buraco" se comporta da mesma forma que o obeso que diz "Vou começar a fazer exercícios e dieta depois que perder 10kg". Isso é colocar o carro na frente dos bois e não leva a lugar nenhum. Primeiro, é necessário que a pessoa administre corretamente o dinheiro que possui para, depois, ter mais recursos financeiros para gerir.

Nos seminários, costumo contar uma história que atinge em cheio a maioria das pessoas. Imagine que você está passeando com uma criança de cinco anos e passa por uma sorveteria. Você entra e compra para ela uma bola de sorvete na casquinha. Depois que vocês saem dali, a criança balança o cone na mão e, de repente, o sorvete cai no chão. Ela começa a chorar. Você volta à sorveteria e, quando vai repetir o pedido, a criança vê num cartaz colorido a foto de uma casquinha com três bolas. Ela aponta para o cartaz e grita: "Eu quero este!"

Instala-se o problema. Por ser a pessoa bondosa, afetuosa e generosa que é, você faria a vontade da criança e pediria uma casquinha com três bolas? De imediato, a sua resposta talvez seja: "É claro." Mas, pensando um pouco melhor, a maioria dos participantes dos seminários responde: "De jeito nenhum." Afinal, por que premiar o erro da criança e programá-la para falhar? Se ela não é capaz de segurar direito uma casquinha que tem só uma bola de sorvete, como vai conseguir fazer isso com uma que tenha três?

Esse mesmo raciocínio se aplica quando se trata da sua relação com o universo. Vivemos num universo bondoso e afetuoso cuja regra é: "Você não terá mais até provar que é capaz de lidar com o que já possui."

PRINCÍPIO DE RIQUEZA
Você não terá mais até provar que é capaz de lidar com o que já possui.

Antes de gerir uma grande fortuna, você precisa adquirir o hábito e a capacidade de administrar pouco dinheiro. Lembre-se: somos criaturas de hábitos. Portanto, o hábito de administrar o dinheiro é mais importante do que a quantidade de dinheiro que você tem.

PRINCÍPIO DE RIQUEZA
O hábito de administrar o dinheiro é mais importante do que a quantidade de dinheiro que você tem.

Então, como você deve administrar seu dinheiro?

Primeiro, abra uma conta bancária e batize-a Conta da Liberdade Financeira. Deposite nela 10% de cada real que você receber (já descontados os impostos). Esse dinheiro só deve ser usado para investir e para comprar ou criar fluxos de rendimentos passivos. A finalidade dessa conta é gerar uma galinha que ponha ovos de ouro chamados rendimentos passivos. E quando é que você vai começar a gastar esse dinheiro? *Nunca!* Ele jamais será gasto – trata-se de investimento apenas. Quando você se aposentar, passará a usar os rendimentos dessa conta (os ovos), mas não o principal. Assim, ele estará sempre crescendo e você nunca ficará na mão.

Emma, uma das minhas alunas, contou-me a sua história. Alguns anos atrás, ela estava à beira da falência. Não queria, mas não via alternativa: as suas dívidas iam muito além da sua capacidade de administrá-las. Depois de conhecer o sistema de administração do dinheiro que ensino, ela disse: "É isso aí. É assim que eu vou sair dessa enrascada."

Como os demais participantes, Emma foi orientada a dividir o seu dinheiro entre várias contas. "Fantástico", disse a si mesma, "mas não tenho nenhum dinheiro para dividir." Decidida a tentar, ela começou a depositar US$ 1 por mês nas suas contas.

Aplicando o sistema de alocação que aprendeu, daquele dólar ela depositou 10 centavos na Conta da Liberdade Financeira. O seu primeiro pensamento foi: "Como vou me tornar financeiramente livre com 10 centavos de dólar por mês?" Então, comprometeu-se a dobrar aquele valor mensalmente. No mês seguinte, ela separou US$ 2, no terceiro US$ 4, depois US$ 8, depois US$ 16, US$ 32, US$ 64 e assim por diante, até que, a partir do 12º mês, estava depositando US$ 2.048.

Dois anos depois, os seus esforços começaram a dar resultados espetaculares: Emma conseguiu depositar US$ 10 mil de uma só vez na sua Conta da Liberdade Financeira. Ela havia desenvolvido tão bem o hábito de administrar dinheiro que, quando um prêmio de US$ 10 mil caiu no seu colo, Emma não precisou dessa quantia para nada e pôde investi-la naquela conta.

Hoje, essa mulher não deve mais e está a caminho de se tornar financeiramente livre. Tudo isso foi possível porque ela agiu de acordo com o que aprendeu, começando com um único dólar por mês.

Não importa se você tem uma fortuna ou praticamente nada. O essencial é começar já a administrar o que está nas suas mãos. Em pouco tempo, você ficará impressionado com os resultados.

Outro dos meus alunos disse: "Como posso gerir o meu dinheiro se estou vivendo de empréstimos?" A resposta foi: pegue emprestado mais US$ 1 e administre-o. Não interessa se você está arranjando dinheiro emprestado ou ganhando uma ninharia por mês. Administre o valor que tiver, porque o princípio que está em ação transcende o mundo físico: ele é também um princípio espiritual. Milagres financeiros acontecerão se você demonstrar ao universo que é capaz de controlar adequadamente as suas finanças.

Depois de abrir a Conta da Liberdade Financeira, crie na sua casa o Pote da Liberdade Financeira e guarde nele alguma quantia todos os dias. Podem ser R$ 5 ou R$ 10, um único real, um centavo que seja ou todo o seu dinheiro trocado. O valor não importa – o hábito, sim. O segredo, repito, é dar *atenção* diária ao seu objetivo de se tornar financeiramente livre. Os semelhantes se atraem – dinheiro chama dinheiro. Deixe esse pote se tornar o seu "ímã que atrai dinheiro", faça com que ele traga para a sua vida mais e mais riqueza e oportunidades de liberdade financeira.

Tenho certeza de que não é a primeira vez que você ouve o conselho de poupar 10% dos seus rendimentos para investimentos de longo prazo, mas talvez seja a primeira vez que alguém lhe diz para ter uma outra conta – a Conta da Diversão –, especificamente para você poder gastar e curtir.

Um dos maiores segredos da administração do dinheiro é o equilíbrio. Por um lado, você deve poupar o máximo para ter condições de investir e ganhar mais dinheiro. Por outro lado, convém depositar 10% dos seus rendimentos na Conta da Diversão. Por quê? Porque temos uma natureza holística. Não podemos afetar uma parte da vida sem afetarmos outra. Algumas pessoas economizam ao extremo. Com isso, o seu ser lógico e responsável fica satisfeito, mas o seu espírito, não. No fim, esse lado espiritual, ávido por satisfação, diz: "Chega. Quero um pouco de atenção também." E sabota os seus resultados.

Se você apenas gasta, não só jamais enriquecerá como a parte responsável do seu ser acabará fazendo com que você não curta as coisas com as quais despende o seu dinheiro, porque se sente culpado. Então, a culpa o leva a gastar ainda mais como forma de expressar as suas emoções. Você se sente melhor durante um tempo, porém a culpa e a vergonha logo retornam. A única maneira de romper esse círculo vicioso é aprender a administrar as suas finanças de um modo que dê certo.

O objetivo primordial da Conta da Diversão é a sua satisfação. Ela lhe dará a oportunidade de fazer coisas que você normalmente não faria – extravagâncias, como ir a um bom restaurante e pedir uma garrafa do melhor vinho ou champanhe ou alugar um carro caro para passear durante o fim de semana.

A regra que comanda a Conta da Diversão é: ela tem que ser "zerada" todo mês. Exatamente. Você deve "torrar" mensalmente todo o dinheiro que tiver depositado de um modo que o faça sentir-se rico. Imagine-se, por exemplo, despejando cada centavo dessa conta no balcão de um hotel de alta classe para passar um fim de semana ali. É como eu disse: uma extravagância. Para a maioria de nós, a única forma de respeitar o plano de poupança é compensá-lo com um plano que premie o nosso esforço. Outras finalidades da Conta da Diversão são: fortalecer o seu "músculo recebedor" e tornar mais divertida a administração do dinheiro. Além da Conta da Liberdade Financeira e da Conta da Diversão, eu o aconselho a criar outras quatro contas para dividir o seu dinheiro:

10 % para a Conta de Poupança para Despesas de Longo Prazo;
10 % para a Conta da Instrução Financeira;
50 % para a Conta das Necessidades Básicas;
10 % para a Conta das Doações.

Vou dizer outra vez: as pessoas de mentalidade pobre pensam que tudo depende dos rendimentos – acreditam que, para enriquecer, é necessário ter um salário nababesco. Isso é uma grande bobagem. A verdade é que, se você administrar o seu dinheiro seguindo o programa que sugiro, terá grandes chances de se tornar financeiramente livre com rendimentos relativamente baixos. No entanto, caso controle mal as suas finanças, não conseguirá essa liberdade mesmo que tenha rendimentos elevados. É por isso que alguns profissionais bem remunerados, como médicos, advogados, dentistas e até atletas, muitas vezes são duros. Afinal, não se trata de quanto dinheiro entra, e sim do que a pessoa faz com ele.

John, um dos participantes do seminário, disse-me que na primeira vez em que ouviu falar em sistema de administração de dinheiro pensou: "Que saco! Por que diabos alguém gastaria o seu precioso tempo com essa bobagem?" Mais tarde, ele percebeu que, se quisesse ser financeiramente livre um dia, também teria que saber administrar o próprio dinheiro como fazem os ricos.

Como esse novo hábito não era algo natural para ele, John precisou aprender essa lição. Disse ter se lembrado de quando treinava para provas de triatlo. Era muito bom em natação e ciclismo, mas não gostava de correr. Sempre forçava os pés, os joelhos e as costas e ficava todo dolorido depois dos treinos. Durante a corrida, respirava com dificuldade e os seus pulmões queimavam, mesmo que ele não se empenhasse ao máximo. Detestava aquilo, porém sabia que, se quisesse ser um triatleta de primeiro nível, teria que aprender a correr e aceitar as conseqüências como parte dos custos da vitória. John decidiu, então, correr todos os dias. Após alguns meses, passou não apenas a gostar dessa atividade como a ansiar pela hora do seu treino diário.

Aconteceu-lhe exatamente a mesma coisa na área da administração do dinheiro. John começou detestando esse sistema, porém depois acabou gostando dele. Agora, aguarda pela chegada do pagamento para depositá-lo nas contas. E curte também monitorar o seu patrimônio líquido, que passou de zero para mais de US$ 300 mil e continua crescendo dia a dia.

Tudo se resume ao seguinte: ou você controla o seu dinheiro ou ele o controlará. Para controlar o dinheiro, você tem que administrá-lo.

PRINCÍPIO DE RIQUEZA

Ou você controla o seu dinheiro
ou ele o controlará.

Adoro ouvir o que as pessoas formadas nos meus seminários falam da sua confiança a respeito de dinheiro, de sucesso e de si mesmas depois que começam a administrar corretamente as suas finanças. E o melhor de tudo é que essa confiança se transfere às outras áreas da sua vida, aumentando a sua felicidade e melhorando os seus relacionamentos e até a sua saúde.

O dinheiro é uma parte fundamental da existência humana. Quando você aprender a colocar as suas finanças sob controle, todos os setores da sua vida andarão bem.

DECLARAÇÃO

Sou um excelente administrador de dinheiro.
Eu tenho uma mente milionária!

AÇÕES DA MENTE MILIONÁRIA

1. Abra a Conta da Liberdade Financeira. Deposite nela 10% de todos os seus rendimentos (descontados os impostos). Esse dinheiro jamais deve ser gasto, apenas investido para produzir rendimentos passivos para a sua aposentadoria.

2. Crie na sua casa o Pote da Liberdade Financeira e guarde uma quantia qualquer ali todos os dias. Podem ser R$ 5 ou R$ 10, um único real, um centavo que seja ou todo o seu dinheiro trocado. Isso deixará a sua atenção diariamente concentrada na sua liberdade financeira. E, como você sabe, onde a atenção se fixa os resultados aparecem.

3. Abra a Conta da Diversão ou tenha em casa o Pote da Diversão, no qual você depositará 10% de todos os seus rendimentos. Além da Conta da Diversão e da Conta da Liberdade Financeira, abra quatro outras contas e deposite nelas as seguintes porcentagens dos seus rendimentos:

   10% na Conta de Poupança para Despesas de Longo Prazo;
   10% na Conta da Instrução Financeira;
   50% na Conta das Necessidades Básicas;
   10% na Conta das Doações.

4. Independentemente de quanto dinheiro você possui, comece a administrá-lo agora. Não deixe para amanhã. Mesmo que só tenha R$ 1, administre-o. Pegue 10 centavos e deposite no Pote ou na Conta da Liberdade Financeira. Separe outros 10 centavos e deposite no Pote ou na Conta da Diversão. Essa simples ação enviará ao universo uma mensagem dizendo que você está pronto para receber mais dinheiro. É claro que, se puder administrar mais, vá em frente.

Arquivo de riqueza nº 15

As pessoas ricas põem o seu dinheiro para dar duro para elas. As pessoas de mentalidade pobre dão duro pelo seu dinheiro.

Se você é como a maioria das pessoas, cresceu programado para acreditar que "tem que dar duro para ganhar dinheiro". São boas as chances, porém, de que tenha sido criado sem o condicionamento de que tão importante quanto isso é fazer o seu dinheiro "dar duro" para você.

Não resta dúvida de que trabalhar muito é importante, mas somente isso nunca o tornará rico. Como eu sei disso? Observe o mundo real. Existem milhões – não, bilhões – de pessoas que se matam de trabalhar, suam a camisa durante todo o dia e até à noite. São todas ricas? Não. A maioria delas vive na pindaíba ou quase lá. Por outro lado, quem você vê flanando pelos clubes de alta classe de todo o mundo? Quem passa as tardes jogando golfe ou tênis e velejando? Quem curte os dias fazendo compras e as semanas gozando férias? Os ricos, é claro. Portanto, vou ser direto: a idéia de que é necessário trabalhar duro durante toda a vida para ficar rico é besteira.

Um antigo ditado propõe "um real de trabalho por um real de salário". Não há nada errado com esse provérbio, exceto que ele não diz o que fazer com esse "real de salário". Saber que destino dar a essa quantia é o que permite passar do trabalho duro para o trabalho *inteligente.*

Os ricos podem viver os seus dias se divertindo e relaxando porque trabalham de maneira inteligente. Eles compreendem o princípio da alavancagem e o utilizam – põem não só outras pessoas como o próprio dinheiro para trabalhar para eles.

A minha experiência diz que de fato é necessário trabalhar muito para ganhar dinheiro. Para as pessoas ricas, no entanto, essa é uma situação temporária. No caso de quem tem uma mentalidade pobre, é permanente. Os ricos entendem que é necessário suar a camisa somente até que o seu dinheiro comece a trabalhar duro o bastante para ocupar o seu lugar. Eles acreditam no seguinte: *quanto mais o seu dinheiro trabalha, menos eles terão que trabalhar.*

Lembre-se: dinheiro é energia. A maioria das pessoas entra com a energia operária e tira a energia monetária. Os que alcançaram a liberdade financeira aprenderam a substituir a energia do trabalho que investem por outras formas de energia, que incluem trabalho de terceiros, sistemas de negócios e capital de investimento. Repito: primeiro a pessoa sua para ganhar dinheiro, depois deixa que ele dê duro para ela.

No jogo do dinheiro, muita gente não faz a menor idéia de quanto custa vencer. Qual é a sua meta? Quando você vence o jogo? Você está jogando para o gasto, para ter rendimentos de R$ 30 mil por ano, para ficar milionário ou para se tornar um multimilionário? O objetivo do jogo do dinheiro que ensino é: nunca ter que trabalhar novamente... a não ser que você deseje fazer isso, e, nesse caso, que seja por opção, não por necessidade.

Em outras palavras, a meta é tornar-se financeiramente livre tão rápido quanto possível. A minha definição de liberdade financeira é simples: é *a capacidade de viver o estilo de vida que você deseja sem precisar trabalhar nem depender do dinheiro de alguém.*

Observe que há uma boa chance de que o estilo de vida que você almeja custe caro. Conseqüentemente, para ser "livre", você terá que ganhar dinheiro sem trabalhar. O rendimento sem trabalho é chamado de rendimento passivo. Para vencer no jogo do dinheiro, o objetivo é ter um rendimento *passivo* que dê para pagar pelo estilo de vida desejado. Em suma, você se torna financeiramente livre quando o seu rendimento passivo excede as suas despesas.

Identifiquei duas fontes primárias de rendimentos passivos. A primeira é o "dinheiro que trabalha para você". Isso inclui ganhos de investimentos que englobam ações, letras de câmbio, mercado financeiro, fundos de investimento, assim como hipotecas e outros ativos que se valorizam e têm liquidez.

A segunda grande fonte de rendimento passivo é o "negócio que trabalha para você". São os rendimentos contínuos de negócios cuja operação não depende do seu envolvimento pessoal, como aluguel de imóveis, royalties de livros, músicas e programas de computador; licenciamento de idéias; franqueamento de marcas; propriedade de depósitos; e marketing de rede, ou multinível, para citar alguns. Isso também inclui montar qualquer negócio que esteja sistematizado para operar sem a sua presença. Volto a dizer: é uma questão de energia. A idéia é que o negócio, e não você, funcione e produza valor para as pessoas.

O marketing de rede, por exemplo, é um conceito muito bom. Primeiro, porque geralmente não requer um grande capital inicial. Segundo, porque, uma vez estabelecido, proporciona rendimentos residuais constantes (outra forma de renda sem que você precise trabalhar), ano após ano. Experimente obter isso com um emprego das 9h às 6h.

Volto a enfatizar a importância de estabelecer estruturas de rendimento passivo. É simples. Sem rendimento passivo, ninguém consegue ser financeiramente livre. Porém, você sabia que a maioria das pessoas tem muita dificuldade para criar fontes desse tipo de rendimento? Isso ocorre por três motivos. Primeiro, o condicionamento. A maioria de nós foi programada para *não* ter rendimento passivo. Quando você tinha por volta dos 18 anos de idade e precisava de dinheiro, o que os seus pais lhe diziam? "Ora, vá arranjar um rendimento passivo?" Jamais. O mais comum era escutarmos o seguinte: "Vá trabalhar!", "Arranje um emprego!", ou outra coisa do gênero. Como fomos ensinados a trabalhar para conseguir dinheiro, o rendimento passivo é, para muitos de nós, algo fora do normal.

Segundo, pouquíssima gente aprendeu a criar fontes de rendimento passivo na escola, na faculdade ou em qualquer outro lugar. O resultado é que a maioria das pessoas não *sabe* quase nada e, conseqüentemente, não *faz* grande coisa a respeito disso.

Finalmente, como não tivemos contato com rendimento passivo

e investimentos nem aprendemos coisa nenhuma sobre esses assuntos, nunca demos muita atenção a eles. As nossas opções profissionais e de negócios são amplamente baseadas na geração de rendimentos com o trabalho. Se você tivesse aprendido desde pequeno que uma meta financeira básica na vida é criar fontes de rendimento passivo, não teria reconsiderado algumas opções profissionais?

Sempre recomendo às pessoas que escolham um negócio em que a geração de fluxos de rendimento passivo seja natural e relativamente fácil. Quando elas estão atuando num campo que não propicia isso, a minha sugestão é que mudem de área ou de atividade. Isso é importante sobretudo numa época em que muitos profissionais são prestadores de serviços pessoais e têm, portanto, que estar presentes para ganhar dinheiro. Não há nada errado em estar no ramo de serviços pessoais, a não ser o fato de que, se a pessoa não montar o seu próprio cavalo de investimento bem cedo e cavalgar excepcionalmente bem, ficará presa na armadilha de precisar trabalhar para sempre.

Optando por negócios que a curto ou longo prazo produzam rendimentos passivos, você terá o melhor dos dois mundos – rendimentos ativos agora e rendimentos passivos no futuro. Consulte as opções de negócios geradores de rendimento passivo que apresentei alguns parágrafos atrás.

Infelizmente, um grande número de pessoas tem um modelo de dinheiro programado *a favor* do rendimento ativo e *contra* o rendimento passivo. Se é o seu caso, procure mudar essa atitude radicalmente para que a obtenção de rendimentos passivos substanciais seja algo normal e natural na sua vida.

As pessoas ricas pensam a longo prazo. Elas equilibram os seus gastos e prazeres de hoje com os investimentos necessários para a liberdade de amanhã. Os indivíduos de mentalidade pobre pensam a curto prazo. As suas vidas são governadas pela satisfação imediata. Eles usam a desculpa: "Como posso pensar no amanhã, se mal consigo sobreviver neste momento?" O problema é que, no fim das contas, o amanhã se tornará hoje. Quem não cuidar do problema agora dirá a mesma coisa de novo amanhã.

Para aumentar a sua riqueza futura, você terá que ou ganhar mais ou gastar menos. Não vejo ninguém com um revólver apontado para a sua cabeça e determinando em que casa você deve morar, que carro deve ter, que roupas deve usar ou que comida deve comer. Você tem o poder de fazer escolhas. É uma questão de prioridades. Quem pensa pequeno opta pelo *agora*, as pessoas ricas preferem o *equilíbrio*. Veja o caso dos meus sogros.

Durante 25 anos os pais da minha mulher foram donos de uma loja de conveniência. A maior parte da sua receita provinha da venda de cigarros, barras de chocolate, sorvetes, chicletes e refrigerantes. A venda média era de menos de US$ 1. Em resumo, estavam no ramo dos "centavos" de dólar. Ainda assim, eles poupavam a maior parte do seu dinheiro: não comiam em restaurantes, não compravam roupas caras e não tinham o carro do ano. Viviam de modo confortável, mas modesto, e pagavam a sua hipoteca. Chegaram a adquirir metade do mercado onde a loja estava situada. Poupando e investindo "centavos", o meu sogro conseguiu se aposentar aos 59 anos de idade.

Detesto ser obrigado a lhe dizer isto, mas, quase sempre, comprar coisas para o prazer imediato não passa de uma tentativa fútil de compensar a insatisfação com a vida. Em geral, gastar um dinheiro que você não tem é a manifestação da vontade de viver emoções que já estão a seu alcance. Essa síndrome é comumente conhecida como "terapia do varejo". O gasto excessivo e a necessidade de gratificação imediata têm pouco a ver com o que você está efetivamente comprando e tudo a ver com a falta de satisfação na sua vida. Mas é claro que, se o seu gasto excessivo não for motivado por suas emoções imediatas, ele provém do seu modelo de dinheiro.

Natalie, outra das minhas alunas, me disse que os seus pais eram o máximo em termos de avareza. O pai tinha um carro velho de 15 anos, enferrujado, e ela sentia vergonha de ser vista nele, principalmente quando a mãe ia buscá-la na escola. Sempre que entrava no automóvel, rezava para que ninguém estivesse olhando. Nas férias, a sua família nunca se hospedava em hotéis e pousadas nem viajava de avião: eram 11 dias cruzando o país de carro e acampando ao longo do caminho, todo ano.

Em suma, tudo era "caro demais". Pelo modo como agiam, Natalie pensava que eles eram pobres. Mas o pai ganhava US$ 75 mil por ano, o que na época lhe parecia bastante dinheiro. Ela ficava confusa.

Por odiar a sovinice dos pais, Natalie tornou-se o oposto deles. Só queria o que fosse caro e de primeira qualidade. Quando começou a ganhar o seu próprio sustento e foi morar sozinha, torrou, sem perceber, todo o seu dinheiro e muito mais.

Natalie tinha cartões de crédito, cartões de afinidade e muitos outros – e abusou de todos eles até não conseguir pagar nem sequer as prestações mínimas. Nessa época, ela se inscreveu no Seminário Intensivo da Mente Milionária. Segundo as suas próprias palavras, foi o que a salvou.

Na sessão em que identificamos a sua "personalidade de dinheiro", toda a vida de Natalie mudou. Ela entendeu por que gastava tanto: era uma forma de ressentimento contra os pais por serem tão sovinas. E também para provar a si mesma e ao mundo que não era tão unha-de-fome quanto eles. Natalie diz que, desde que fez o curso e alterou o seu modelo, não teve mais ânsia de gastar com coisas sem sentido.

Ela nos contou que certa vez caminhava por um shopping center quando viu, na vitrine de uma de suas lojas favoritas, um lindo casaco de couro marrom-claro. Na mesma hora, a sua mente disse: "Este casaco ficaria ótimo em você, combinaria muito bem com o seu cabelo louro. Você precisa dele porque não tem nenhum casaco bonito e elegante." Ela entrou na loja e disse que gostaria de experimentá-lo. Nesse momento, viu a etiqueta com o preço: US$ 400. Nunca havia desembolsado tanto dinheiro por um casaco. A sua mente insistiu: "E daí, ele fica lindo em você! Depois o dinheiro entra e você paga."

Segundo Natalie, foi naquele instante que ela descobriu a profundidade dos princípios da mente milionária. No mesmo momento em que a sua mente a estimulava a comprar, o seu "arquivo" mental novo e mais positivo apareceu e disse: "Seria muito mais útil depositar este dinheiro na Conta da Liberdade Financeira. Para que você precisa deste casaco? Você já tem um em casa e ele ainda está muito bom."

Ela decidiu então suspender a compra até o dia seguinte em vez de fazê-la na hora, como de costume. E não voltou mais à loja.

Natalie observou que os seus arquivos mentais de "gratificação material" tinham sido substituídos por arquivos de "liberdade financeira". Ela não estava mais programada para gastar. Hoje sabe que é útil usar o exemplo dos seus pais para economizar e, ao mesmo tempo, se permitir desfrutar de prazeres com o que deposita na Conta da Diversão.

Algum tempo depois, Natalie fez com que os seus pais participassem do seminário para que passassem a agir de modo mais equilibrado. Emocionada, ela disse que eles começaram a se hospedar em hotéis, compraram um carro novo e, depois que aprenderam a pôr o dinheiro para trabalhar para eles, aposentaram-se como milionários.

Hoje ela compreende que, para ser milionária, não precisa ser tão sovina quanto os seus pais foram. Mas sabe também que, se gastar o seu dinheiro de forma desmedida como antes, nunca será financeiramente livre. Nas suas próprias palavras: "*É fantástico ter o meu dinheiro e a minha mente sob controle.*"

Volto a dizer: a idéia é fazer o seu dinheiro trabalhar para você tanto quanto você trabalha para ele. Para isso, é necessário poupar e investir em vez de gastá-lo como se essa prática fosse a missão da sua vida. Chega a ser engraçado: os ricos possuem muito dinheiro e gastam pouco, ao passo que as pessoas de mentalidade pobre têm pouco e gastam muito.

Longo prazo versus curto prazo: quem pensa pequeno trabalha para ganhar para o dia de hoje, enquanto as pessoas ricas trabalham para investir no amanhã.

Os ricos compram ativos, coisas cujo valor provavelmente aumentará. As pessoas de mentalidade pobre adquirem passivos, coisas cujo valor, com toda a certeza, diminuirá. Quem é rico coleciona terras e propriedades. Os que têm uma mentalidade pobre juntam contas a pagar.

Ofereço a você o mesmo conselho que dou aos meus filhos: "Compre imóveis." Embora seja melhor adquirir aqueles que produzam fluxo de caixa, na minha opinião qualquer imóvel é melhor do que nenhum. Claro, esses bens têm altos e baixos, mas, no fim, seja daqui a 10, 20 ou 30 anos, pode apostar que eles estarão valendo muito mais do que hoje, e isso é tudo do que você precisa para ficar rico.

Adquira agora o imóvel que está ao alcance do seu bolso. Se precisar de capital, associe-se a pessoas em quem confia e que conheça bem. A única hipótese de você ter problemas com esses bens é exagerar na dose e ter que vendê-los na baixa. Mas, se seguir o meu conselho anterior e administrar corretamente o seu dinheiro, a probabilidade de isso acontecer é muito pequena. Como diz o ditado: "Não espere para comprar imóveis: compre imóveis e espere."

Como já dei um exemplo envolvendo os meus sogros, é justo que cite agora um exemplo da vida dos meus pais. Como já disse, eles não eram pobres, mas mal se garantiam na classe média. O meu pai dava um duro danado e a minha mãe, como não tinha uma saúde muito boa, ficava em casa comigo e com os meus irmãos. Muito cedo o meu pai percebeu que todos os construtores para quem trabalhava construíam em terrenos que haviam comprado muitos anos antes. Observou ainda que todos eles ficaram extremamente ricos. Então, os meus pais, que também poupavam centavos, juntaram o suficiente para adquirir um terreno de 12 mil metros quadrados a cerca de 32km da cidade onde morávamos. Custou-lhes US$ 60 mil. Dez anos depois, um empreendedor decidiu construir um shopping horizontal na propriedade. Os meus pais a venderam por US$ 600 mil. Descontado o custo inicial, essa operação lhes deu um rendimento médio anual de US$ 54 mil. Hoje eles estão aposentados e vivem confortavelmente, mas eu aposto que, sem a compra e venda dessa propriedade, estariam até hoje na corda bamba. Felizmente, o meu pai percebeu o poder do investimento e, principalmente, o valor do investimento em imóveis. Agora você sabe por que eu coleciono terras.

Enquanto as pessoas de mentalidade pobre vêem cada real como um dinheiro a ser trocado por algo que querem imediatamente, os ricos consideram cada real que possuem uma "semente" a ser plantada para render outros 100, que podem ser replantados para render outros 1.000 e assim por diante. Pense nisso. Todo real que você gasta hoje pode lhe custar R$ 100 no futuro. Eu, pessoalmente, considero cada uma das minhas notas de dinheiro um soldado cuja missão é conquistar a liberdade. Desnecessário dizer que tomo o maior cuidado com os meus "soldados da liberdade": não me desfaço deles de modo fácil nem rápido.

PRINCÍPIO DE RIQUEZA

Os ricos consideram cada real que possuem uma "semente" a ser plantada para render outros 100, que podem ser replantados para render outros 1.000 e assim por diante.

O segredo é instruir-se. Aprenda sobre o mundo dos investimentos. Familiarize-se com os vários tipos de investimento e instrumentos financeiros, como imóveis, hipotecas, ações, fundos, letras de câmbio, moeda estrangeira, tudo o que esteja ao seu alcance. Escolha uma área para se especializar. Comece a investir nesse campo e depois diversifique.

Em suma: as pessoas que pensam pequeno dão duro, gastam todo o seu dinheiro e precisam trabalhar muito para sempre; quem é rico trabalha duro, poupa e investe o dinheiro para nunca mais ter que trabalhar.

DECLARAÇÃO

O meu dinheiro trabalha para mim e se multiplica.
Eu tenho uma mente milionária!

AÇÕES DA MENTE MILIONÁRIA

1. Instrua-se. Assista a seminários sobre investimentos. Leia pelo menos um livro sobre esse assunto por mês, além de revistas e jornais do setor financeiro, como *Exame*, *Isto É Dinheiro*, *Gazeta Mercantil* e *Valor Econômico*. Não estou lhe dizendo para seguir todos os conselhos dados por essas publicações, mas que se familiarize com as opções financeiras que encontrará. Escolha uma área para se especializar e comece a investir nela.

2. Mude o foco: do rendimento "ativo" para o "passivo". Relacione pelo menos três estratégias com as quais você pode obter rendimentos sem trabalhar, seja no campo dos negócios ou na área de investimentos. Comece pesquisando e depois entre em ação com essas estratégias.

3. Não espere para adquirir imóveis. Compre-os e espere.

Arquivo de riqueza nº 16

As pessoas ricas agem apesar do medo.
As pessoas de mentalidade pobre
deixam-se paralisar pelo medo.

No começo deste livro apresentei o Processo de Manifestação. Reveja a fórmula: pensamentos conduzem a sentimentos, sentimentos conduzem a ações, ações conduzem a resultados.

Milhões de pessoas "pensam" em ficar ricas, e milhares delas fazem meditação e declarações com esse objetivo, além de visualizarem a riqueza que querem conquistar. Eu medito quase todos os dias. Mas nunca aconteceu de eu estar sentado meditando ou fazendo uma visualização e cair um saco de dinheiro na minha cabeça. Acredito que sou apenas um dos infelizes que têm que *fazer* alguma coisa para ter sucesso.

A meditação, a visualização e as declarações são ferramentas maravilhosas, mas, até onde sei, nenhuma delas por si só lhe proporcionará dinheiro no mundo real. Você tem que tomar medidas concretas para vencer. E por que a ação é tão decisiva?

Retornando ao Processo de Manifestação, veja o caso dos pensamentos e sentimentos: eles fazem parte do mundo interior ou exterior? Do mundo interior. Agora os resultados: eles fazem parte do mundo interior ou exterior? Do mundo exterior. Isso quer dizer que a ação é a "ponte" entre esses dois mundos.

PRINCÍPIO DE RIQUEZA

A ação é a "ponte" entre o mundo interior
e o mundo exterior.

Mas, se a ação é tão importante, o que nos impede de tomar as medidas que sabemos que precisamos tomar?

O medo.

O medo, a dúvida e a preocupação são alguns dos maiores

obstáculos não apenas ao sucesso como também à felicidade. Por esse motivo, uma das maiores diferenças entre as pessoas ricas e as de mentalidade pobre é que as primeiras estão sempre dispostas a agir apesar do medo, enquanto as últimas deixam-se paralisar por ele.

No livro *Como superar o medo*, Susan Jeffers diz que o grande erro que a maioria das pessoas comete é esperar que a sensação de medo diminua ou desapareça para que comecem a agir. Em geral, elas aguardam para sempre.

Num dos cursos da Peak Potentials, ensino que o verdadeiro guerreiro é capaz de "domar a serpente do medo". Isso não pressupõe matar a serpente nem se livrar ou fugir dela. Quer dizer exatamente "domar" a serpente.

PRINCÍPIO DE RIQUEZA

O verdadeiro guerreiro é capaz de "domar a serpente do medo".

O fundamental é você perceber que não é necessário tentar se livrar do medo para vencer. As pessoas ricas e bem-sucedidas têm medo, dúvidas e preocupações. Elas apenas não se deixam paralisar por esses sentimentos. Os indivíduos de mentalidade pobre, no entanto, permitem que essas coisas os impeçam de seguir em frente.

PRINCÍPIO DE RIQUEZA

Não é necessário tentar se livrar do medo para vencer.

Por sermos criaturas de hábitos, precisamos aprender a agir apesar do medo, da dúvida, da preocupação, da incerteza, da inconveniência e do desconforto. E temos que aprender a agir quando não temos vontade de fazer isso.

Certa vez, na noite de encerramento de um curso em Seattle, eu falava sobre o próximo Seminário Intensivo da Mente Milionária que organizaria em Vancouver, no Canadá, quando um homem se levantou e disse: "Harv, pelo menos uma dúzia de amigos e familiares meus já participaram desse seminário e os seus resultados foram absolutamente fenomenais. Estão todos muito mais felizes do que antes e na estrada do sucesso financeiro. Eles me disseram que é um aprendizado capaz de mudar a vida de uma pessoa. Por isso, se você realizasse esse seminário aqui em Seattle, eu com certeza me inscreveria."

Eu lhe agradeci pelo depoimento e perguntei se ele estava aberto a uma orientação. Depois que ele concordou, perguntei como ele estava se saindo com as finanças. Timidamente, ele disse:

– Não muito bem.

– Não me surpreende. Se você deixa uma viagem de carro de três horas, um vôo de uma hora ou uma caminhada de três dias impedi-lo de fazer uma coisa que deseja fazer e da qual precisa, o que mais poderá impedi-lo? A resposta é simples: *qualquer coisa.* Não se trata do tamanho do desafio, se trata do seu tamanho. Ou você é uma pessoa que se deixa deter ou é alguém que não se deixa deter. A escolha é sua. Caso queira enriquecer ou ser bem-sucedido de alguma forma, tem que ser um guerreiro. Precisa estar determinado a realizar o que for necessário para isso. *Deve ensinar a si mesmo a não se deixar parar por nada neste mundo.* Ficar rico nem sempre é cômodo nem fácil. Na verdade, pode ser algo muito difícil. Mas e daí? *Um dos princípios-chave do guerreiro é: "Se você só estiver disposto a realizar o que é fácil, a vida será difícil. Mas, se concordar em fazer o que é difícil, a vida será fácil." As pessoas ricas não escolhem as suas ações pela maior facilidade ou comodidade* – esse modo de ser é próprio de quem tem uma mentalidade pobre.

PRINCÍPIO DE RIQUEZA

Se você só estiver disposto a realizar o que é fácil, a vida será difícil. Mas, se concordar em fazer o que é difícil, a vida será fácil.

No fim da minha resposta, a platéia estava em silêncio.

Mais tarde, o homem que havia começado aquela discussão foi me agradecer por "abrir os seus olhos". É claro que ele se inscreveu no curso, mesmo fora da sua cidade, e ainda apareceu com mais três amigos.

Agora que já falei sobre a comodidade, vou passar para o tema do desconforto. Por que é tão importante agir apesar do desconforto? Porque "confortável" é o lugar onde você está agora. Se o seu objetivo é atingir um novo patamar de vida, tem que sair da sua zona de conforto e praticar ações desconfortáveis.

Suponha que você esteja levando uma vida de nível cinco e queira conquistar uma vida de nível dez. Os níveis de cinco para baixo estão dentro da sua zona de conforto, enquanto os de seis para cima estão fora dela, na sua zona de "desconforto".

As pessoas de mentalidade pobre não se dispõem a sentir desconforto. Lembre-se: sentir-se confortável é a maior prioridade das suas vidas. Mas vou lhe dizer um segredo que só os ricos e bem-sucedidos sabem: conforto é algo supervalorizado. Ele faz com que a pessoa sinta aconchego e segurança, no entanto não lhe permite crescer. Para isso, ela tem que ampliar a sua zona de conforto. Alguém só consegue se expandir verdadeiramente se estiver *fora* dessa área.

Eu lhe pergunto: na primeira vez em que você experimentou algo novo, sentiu-se confortável ou desconfortável? A segunda opção, provavelmente. E o que aconteceu daí em diante? Quanto mais você repetia a experiência, mais confortável ela se tornava, não é? É assim que a coisa funciona. Tudo é desconfortável no começo; porém, se você se mantém firme e insiste, acaba superando a zona de desconforto. E vence. Então, passa a uma zona de conforto nova e ampliada, mostrando que se tornou uma pessoa "maior".

A partir de agora, sempre que você se sentir desconfortável, em vez de se refugiar na sua velha zona de conforto, bata nas próprias costas e diga: "Eu devo estar crescendo" e continue seguindo em frente.

PRINCÍPIO DE RIQUEZA

Você só poderá crescer de verdade se estiver *fora* da sua zona de conforto.

Caso você deseje ser rico e bem-sucedido, trate de aprender a se sentir bem com o desconforto. Pratique conscientemente estar na zona de desconforto e fazer o que lhe dá medo. Quero que você se lembre para o resto da vida da seguinte equação: ZC = ZR, isto é, a sua "zona de conforto" é igual à sua "zona de riqueza".

Ampliando a sua zona de conforto, você aumenta não só os seus rendimentos como a sua zona de riqueza. Quanto mais confortável você quiser se sentir, menos riscos se disporá a correr, menos oportunidades desejará explorar, menos pessoas conhecerá, menos estratégias desenvolverá. Captou a mensagem? *Quanto mais o conforto se torna uma prioridade na sua vida, mais contraído de medo você fica.* Por outro lado, expandindo a si próprio, você amplia a sua zona de oportunidade, o que lhe permite atrair e conservar mais rendimentos e riqueza. Não se esqueça: se você tiver um grande recipiente (zona de conforto), o universo terá prazer em enchê-lo. As pessoas ricas e bem-sucedidas possuem zonas de conforto muito amplas e as aumentam constantemente para poderem ganhar e conservar mais riqueza.

Embora nunca ninguém tenha morrido de desconforto, a aspiração ao conforto matou mais idéias, oportunidades, ações e crescimento do que qualquer outra coisa neste mundo. O conforto aniquila. Se a sua meta na vida é se sentir confortável, eu lhe garanto duas coisas: primeiro, você nunca ficará rico; segundo, jamais será feliz. A felicidade não é obtida com uma vida mais ou menos satisfatória, em que ficamos o tempo todo nos perguntando o que mais poderia ter acontecido. A felicidade surge como resultado de estarmos no nosso estado natural de crescimento e vivendo o máximo do nosso potencial.

Tente fazer o seguinte. Na próxima ocasião em que se sentir desconfortável, indeciso ou intimidado, em vez de se encolher ou se refugiar na segurança, siga em frente. Observe e vivencie as sensações de desconforto reconhecendo que são apenas sensações – incapazes de detê-lo. Insistindo tenazmente apesar do desconforto, você acabará atingindo a sua meta.

Não importa se o desconforto não diminuir. Na verdade, se isso acontecer, considere esse fato um sinal para elevar o seu objetivo, porque, no momento em que se sentir confortável, você vai parar de crescer. Repito: para avançar até o máximo do seu potencial, é necessário que você viva no limite das suas possibilidades.

E, como somos criaturas de hábitos, é necessário *praticar*. Pratique agir apesar do medo, da inconveniência e do desconforto – e aja quando não estiver com vontade de fazer isso. Desse modo, você passará rapidamente a um patamar de vida mais alto. No processo, não deixe de verificar com regularidade a sua conta bancária porque, eu lhe garanto, ela estará crescendo com muita rapidez também.

A mente humana é uma excepcional romancista. Ela inventa histórias incríveis, em geral baseadas em dramas e desastres, a partir de coisas que nunca ocorreram e que provavelmente nunca acontecerão. O escritor Mark Twain explicou o assunto com toda a clareza: "Já tive milhares de problemas na minha vida, a maioria dos quais nunca aconteceu de fato."

Uma das coisas mais importantes a entender na vida é que *você não é a sua mente*. Você é muito maior e mais poderoso do que ela. A sua mente é uma parte de você tanto quanto a sua mão.

Uma pergunta para provocar o seu raciocínio: e se a sua mão fosse como a sua mente? Ela estaria em toda parte, dando tapas em você o tempo todo e falando sem parar. E o que você faria? A maioria das pessoas responde: "Eu a cortaria fora." Mas, se a sua mão é uma ferramenta poderosa, por que você se livraria dela? A resposta certa, evidentemente, é: você gostaria de controlá-la, manejá-la e treiná-la para trabalhar a seu favor, e não contra você.

Saber treinar e manejar a própria mente é o maior talento que se pode ter na vida, tanto em termos de felicidade quanto de sucesso, e é exatamente isso o que desejo ensinar com este livro.

PRINCÍPIO DE RIQUEZA

Saber treinar e manejar a própria mente é o maior talento que se pode ter na vida, tanto em termos de felicidade quanto de sucesso.

Como é que você treina a sua mente? Começando pela observação. Note como a sua mente produz regularmente pensamentos desfavoráveis à sua riqueza e felicidade. Quando identificar tais pensamentos, comece a substituí-los de forma consciente por outros que o fortaleçam. E onde você encontra esses modos de pensar? Aqui mesmo, neste livro. Todas as declarações contidas nestas páginas são modos de pensar que transmitem força e êxito.

Adote todas essas maneiras de pensar e ser e também essas atitudes como suas. Não espere um convite formal. Decida agora mesmo que a sua vida será melhor se você optar por pensar da forma como sugiro aqui em vez de permanecer com os hábitos mentais autodestrutivos do passado. Determine que, de hoje em diante, os seus pensamentos não mais o governam, você é quem os governa. A partir de agora, a sua mente não é mais o capitão do navio: você é o capitão e a sua mente está sob as suas ordens.

Você pode escolher os seus pensamentos.

Você tem a capacidade natural de descartar, a qualquer momento, todo pensamento que não lhe seja favorável. E, a qualquer instante, pode também instalar pensamentos fortalecedores, simplesmente optando por se manter concentrado neles. Você tem o poder de controlar a sua mente.

Mais uma vez, cito a frase do meu amigo e escritor Robert G. Allen: "Nenhum pensamento mora de graça na cabeça de ninguém."

Isso quer dizer que você pagará por seus pensamentos negativos.

Pagará em dinheiro, em energia, em tempo, em saúde e em termos de felicidade. Se o seu objetivo é atingir rapidamente um novo nível de vida, comece a classificar os seus pensamentos nestas duas categorias – os que lhe dão poder e os que minam o seu poder. Observe-os e determine se eles contribuem ou não para a sua felicidade e o seu sucesso. Escolha então alimentar somente aqueles que o fortalecem e recuse-se a se manter concentrado nos que o debilitam. Quando surgir na sua cabeça um pensamento prejudicial, diga "Cancela" e "Obrigado pela informação". Em seguida, substitua-o por um modo de pensar mais favorável. Eu chamo esse processo de pensamento poderoso. Guarde as minhas palavras: se você o praticar, a sua vida jamais voltará a ser a mesma. É uma promessa.

Então, qual é a diferença entre "pensamento poderoso" e "pensamento positivo"? Ela é sutil, porém profunda. Na minha opinião, as pessoas usam o pensamento positivo para fingir que está tudo bem quando acreditam que não está. Com o pensamento poderoso, nós compreendemos que tudo é neutro, nada tem significado, exceto aquele que nós mesmos atribuímos – nós criamos a nossa história e damos a cada coisa o seu sentido.

Essa é a diferença entre pensamento positivo e pensamento poderoso. O primeiro faz com que as pessoas acreditem que os seus pensamentos são verdadeiros. Por sua vez, o pensamento poderoso reconhece que os nossos pensamentos não são verdadeiros, mas que, de qualquer modo, nós criamos a nossa própria história e podemos inventar uma que nos seja favorável. Não fazemos isso porque os novos pensamentos sejam verdadeiros no sentido absoluto, mas porque eles nos são mais úteis e nos parecem muito melhores do que os outros.

DECLARAÇÃO

Eu ajo apesar do medo. Eu ajo apesar da dúvida. Eu ajo apesar da preocupação. Eu ajo apesar da inconveniência. Eu ajo apesar do desconforto. Eu ajo quando não estou com vontade de agir.

Eu tenho uma mente milionária!

AÇÕES DA MENTE MILIONÁRIA

1. Liste os três maiores medos ou preocupações que você tem a respeito de dinheiro e riqueza. Para cada um deles, escreva o que faria se a situação temida efetivamente acontecesse. Você sobreviveria? A superaria? O mais provável é que a resposta seja afirmativa. Agora pare de se preocupar e comece a enriquecer.

2. Pratique sair da sua zona de conforto. Tome deliberadamente decisões que o façam se sentir desconfortável. Por exemplo, converse com pessoas com quem não falaria, peça um aumento de salário, suba os preços dos seus produtos, acorde uma hora mais cedo todo dia.

3. Aplique o pensamento poderoso. Observe a si próprio e os seus padrões de pensamento. Acolha somente aqueles que contribuam para a sua felicidade e o seu sucesso. Desafie a voz dentro da sua cabeça sempre que ela lhe disser "Não posso", "Não quero", "Não estou a fim". Não deixe que a voz do medo, que a voz do conforto, seja mais forte do que você. Faça um pacto consigo mesmo: sempre que a voz tentar impedi-lo de realizar alguma coisa, você a fará de qualquer forma para mostrar à sua mente que é você quem manda, e não ela. Assim, aumentará espetacularmente a sua confiança, enquanto a sua voz, reconhecendo que tem pouco poder sobre você, se pronunciará cada vez menos.

Arquivo de riqueza nº 17

As pessoas ricas aprendem e se aprimoram o tempo todo.
As pessoas de mentalidade pobre acreditam
que já sabem tudo.

No começo dos meus seminários, apresento às pessoas o que chamo de as três palavras mais perigosas que pronunciamos. São elas: "Eu já sei." Como você sabe que sabe alguma coisa? É simples. Se você a *vivencia*, você sabe sobre ela. Do contrário, ouviu falar, leu sobre ou comentou a respeito, mas não sabe. Para ser direto: é provável que você ainda tenha muito a aprender em relação a dinheiro, sucesso e vida.

Como expliquei no começo deste livro, na minha época de vacas magras, tive a sorte de receber o conselho de um amigo da minha família que era multimilionário. Ele teve compaixão ao me ver naquela situação difícil. Lembre-se do que ele me disse: "Harv, se as coisas não estão indo como você gostaria, isso quer dizer apenas que há algo que você não sabe." Felizmente, eu levei essa sugestão a sério e passei de sabe-tudo a "aprende-tudo". Daquele momento em diante, a minha vida mudou completamente.

As pessoas de mentalidade pobre estão sempre tentando provar que estão certas. Usando a máscara de quem já sabe tudo, elas dizem que foi um golpe de má sorte ou um probleminha passageiro no universo o que as deixou falidas ou numa situação em que têm que se sacrificar muito para conseguir dinheiro.

Uma das minhas frases mais conhecidas é: "*Ou* você está certo *ou* você é rico, nunca as duas coisas ao mesmo tempo." Estar "certo" corresponde a se aferrar a velhos modos de ser e pensar. Sinto dizer, mas foi isso que o conduziu à situação em que você está agora. Essa filosofia também se aplica à felicidade, no sentido de que ou você está certo ou você é feliz.

PRINCÍPIO DE RIQUEZA

Ou você está certo *ou* você é rico,
nunca as duas coisas ao mesmo tempo.

O escritor e locutor Jim Rohn disse algo que se aplica perfeitamente a esse assunto: "Se você se mantiver fazendo o que sempre fez, continuará conseguindo o que sempre conseguiu." Ora, o "seu" jeito você já conhece – agora precisa aprender novas maneiras de pensar e agir. Foi por esse motivo que escrevi este livro. O meu objetivo é acrescentar alguns arquivos mentais aos que você já possui. Eles correspondem a novos modos de pensar, a novas ações e, portanto, a novos resultados.

É por isso que é essencial que você continue a aprender e crescer.

Os físicos concordam que nada neste mundo é estático. Tudo o que é vivo muda o tempo todo. Por exemplo, uma planta que não cresce está morrendo. Isso também vale para as pessoas e para quaisquer outros organismos vivos: portanto, se você não cresce, está morrendo.

Uma das minhas frases favoritas é a do escritor e filósofo Eric Hoffer: "Os que aprendem herdarão a Terra, enquanto os que já sabem estão magnificamente equipados para viver num mundo que não existe mais." Dito de outra forma: se você não estiver aprendendo continuamente, será deixado para trás.

As pessoas de mentalidade pobre dizem que não podem se instruir por falta de tempo e de dinheiro. Os ricos, por outro lado, estão mais ligados na citação de Benjamin Franklin: "Se você acha que a instrução é cara, experimente a ignorância." Tenho certeza de que você já ouviu isso antes: conhecimento é poder. E poder é capacidade de agir.

A única maneira que conheço de você possuir a riqueza que deseja é saber jogar o jogo do dinheiro, dentro e fora de você. É necessário que aprenda as técnicas e estratégias que apresento neste livro para aumentar os seus rendimentos, para administrar o seu dinheiro e para investi-lo com eficiência. A definição de insanidade é: fazer sempre a mesma coisa e esperar resultados diferentes. Certamente, você já seria rico e feliz se o que está fazendo desse certo. Qualquer outra coisa que a sua mente invente como resposta não passa de desculpa esfarrapada.

Detesto ter que dizer isso com todas as letras, mas este é o meu trabalho. Acredito que um bom orientador sempre exigirá de você mais do que você exige de si mesmo. Do contrário, por que você necessitaria de um profissional desse tipo? Como orientador, a minha meta é treiná-lo, inspirá-lo, convencê-lo e fazê-lo observar, ao vivo, o que o está impedindo de progredir. Resumindo, usar todos os meios para ajudá-lo a conquistar um nível de vida mais elevado. Se for preciso, vou despedaçá-lo e reconstruí-lo de uma forma que dê certo. Farei tudo o que estiver ao meu alcance para torná-lo 10 vezes mais feliz e 100 vezes mais rico. Se você está atrás de uma Poliana, eu sou o cara errado. Caso deseje subir de modo rápido e contínuo, podemos prosseguir.

Sucesso é algo que se aprende. Podemos aprender a vencer em qualquer coisa. Se você quer ser um grande jogador de golfe, será capaz de aprender a fazer isso. Se prefere ser um grande pianista, conseguirá aprender a se tornar um. Se deseja ser verdadeiramente feliz, terá condições de aprender a ser assim. Se quer enriquecer, também pode aprender como fazer isso. Não importa onde você está agora – o essencial é que esteja disposto a aprender.

Uma das minhas frases mais conhecidas é: "Todo mestre já foi um desastre." Veja um exemplo. Certa vez, um esquiador olímpico participou de um dos seminários. Quando fiz essa afirmação, ele se levantou e pediu a palavra. Pela sua atitude incisiva, pensei que fosse discordar veementemente de mim. Ao contrário, ele relatou a todos os presentes a sua história. Quando criança, era o pior esquiador de todo o seu grupo de amigos – tão lerdo que às vezes nem o chamavam para esquiar. Então ele decidiu freqüentar aulas de esqui. Todo fim de semana, acordava bem cedo para ir à montanha. Em pouco tempo, não só alcançou os mesmos resultados que os seus amigos obtinham como os ultrapassou. Foi quando passou a se envolver em competições de esqui e conseguiu um técnico de alto nível. As suas palavras foram: "Sou um mestre no esqui agora, mas quando comecei era um perfeito desastre. Harv tem toda a razão. Podemos aprender a ser vitoriosos em qualquer coisa. Eu aprendi a vencer nesse esporte. A minha próxima meta é aprender a ganhar no jogo do dinheiro."

PRINCÍPIO DE RIQUEZA

"Todo mestre já foi um desastre."

Ninguém nasce um gênio das finanças. Toda pessoa rica, inclusive eu, aprendeu a vencer no jogo do dinheiro. Lembre-se do lema: "Se eles podem, eu também posso."

Enriquecer não diz respeito somente a ficar rico em termos financeiros. É mais do que isso: trata-se da pessoa que você se torna, do ponto de vista do caráter e mentalmente, para alcançar esse objetivo. Vou lhe contar um segredo que pouca gente conhece: a maneira mais rápida de ficar e permanecer rico é trabalhar no *seu próprio* desenvolvimento. A idéia é você se aprimorar para se transformar em alguém bem-sucedido. Repito: o seu mundo exterior é apenas um reflexo do seu mundo interior. Você é a raiz, os seus resultados são os frutos.

Gosto do ditado que diz: "Você leva a si mesmo para todo lugar a que vai." Se você crescer e se tornar uma pessoa bem-sucedida em termos de caráter e de atitude mental, será vitorioso de forma natural em tudo o que fizer. Ganhará o poder da escolha absoluta. Passará a ter força interior e a capacidade de optar por qualquer área de trabalho, de negócio ou de investimento, sabendo que será um sucesso. Essa é a essência deste livro. Quando você é alguém grau cinco, obtém resultados grau cinco. Mas, caso você cresça e se torne uma pessoa grau dez, conseguirá resultados grau dez.

Preste atenção, porém, neste alerta: se você não fizer o trabalho interior e, de alguma forma, conseguir ganhar rios de dinheiro, terá sido provavelmente um golpe de sorte, e é possível que venha a perder tudo. Por outro lado, caso você se torne uma *pessoa* bem-sucedida por dentro e por fora, não apenas fará sucesso como o manterá, o aumentará e, o mais importante de tudo, será verdadeiramente feliz.

As pessoas ricas entendem que a seqüência do sucesso é SER, FAZER, TER.

As pessoas de mentalidade pobre e as que têm uma visão de classe média acreditam que a seqüência do sucesso é TER, FAZER, SER. Em sua maioria, elas pensam o seguinte: "Se eu *tiver* muito dinheiro, poderei *fazer* o que quiser e *serei* um sucesso."

Os ricos seguem um pensamento diferente: "Se eu me *tornar* uma pessoa bem-sucedida, poderei *fazer* o que preciso fazer para *ter* o que quero, incluindo rios de dinheiro."

Eis outra coisa que somente as pessoas ricas sabem: a principal finalidade de enriquecer não é ter toneladas de dinheiro, mas ajudá-lo a crescer para ser a melhor pessoa que você puder. Na verdade, esta é a meta de todas as metas: crescer como ser humano. Quando lhe perguntaram por que todo ano ela muda de personalidade, de música e de estilo, a cantora e atriz Madonna respondeu que a música é a sua maneira de expressar o seu "eu" e que reinventar a si própria a cada ano a obriga a crescer para se tornar a pessoa que ela deseja ser.

Em suma, sucesso não é um "o que", e sim um "quem". A boa notícia é que o seu "quem" pode ser treinado e ensinado. Falo por mim. Não sou perfeito nem estou sequer perto disso, mas, quando penso em quem sou hoje comparado ao que era há 20 anos, percebo uma correlação direta entre o "eu e a minha riqueza" (ou a falta dela) daquela época e o "eu e a minha riqueza" de hoje. Se eu aprendi o caminho do sucesso, você também conseguirá fazer isso. Por esse motivo, estou no ramo do treinamento pessoal. Sei por experiência própria que praticamente todas as pessoas podem ser treinadas para vencer. Isso aconteceu comigo e agora sou capaz de orientar milhares de indivíduos para que eles sejam igualmente vitoriosos.

Descobri outra diferença capital entre as pessoas ricas e aquelas que têm uma mentalidade pobre: os ricos são *especialistas* no que fazem. Quem tem um pensamento de classe média costuma ser apenas razoável no seu campo de atuação, enquanto as pessoas que possuem uma mentalidade pobre são inexpressivas na sua área. Você é bom no que faz? É competente no seu trabalho? Quer um modo totalmente imparcial de saber? Examine o seu contracheque. Ele lhe dirá tudo. É simples: *para ganhar o máximo, você tem que ser o máximo.*

PRINCÍPIO DE RIQUEZA

Para ganhar o máximo, você tem que ser o máximo.

Vemos esse princípio em operação todos os dias no esporte profissional pelo mundo afora. Em geral, os melhores atletas são os que ganham os maiores salários. São também os que faturam mais dinheiro com publicidade. Esse mesmo princípio está presente no mundo dos negócios e das finanças. Não importa se você é empresário, profissional liberal ou distribuidor de marketing de rede, nem se você ganha por comissão, se é assalariado ou se vive de rendas de imóveis, de ações ou de outros investimentos: quanto melhor o seu desempenho na sua área, mais ganhará. Essa é outra razão pela qual é obrigatório você se instruir e se qualificar continuamente.

Quanto ao aprendizado, vale observar que os ricos não apenas continuam a aprender como fazem questão de se instruir com aqueles que já estão onde eles querem chegar. No meu caso, um dos fatores que fizeram a maior diferença diz respeito à pessoa que me ensinou. Sempre optei por aprender com os que são mestres nos seus respectivos campos – não com quem se diz especialista, mas com indivíduos cujo discurso se sustenta em resultados.

As pessoas ricas aconselham-se com indivíduos que são mais ricos do que elas. Quem tem uma mentalidade pobre busca orientação com os amigos, que, em geral, estão numa situação financeira tão difícil quanto a sua.

Certa vez, tive uma reunião com um banqueiro da área de investimentos que queria fazer negócio comigo. Depois de sugerir que eu realizasse um investimento inicial de milhares de dólares no seu banco, ele me pediu que lhe encaminhasse os meus demonstrativos financeiros para que ele fizesse as suas recomendações.

Olhei nos olhos dele e disse: "Desculpe, mas você já não tem esse histórico? Se você quer que eu o contrate para cuidar do meu dinheiro, não seria mais apropriado *você* me mostrar os seus demonstrativos financeiros? E, se você não for realmente rico, esqueça o negócio." Ele ficou em estado de choque. Eu diria que ninguém nunca havia lhe perguntado pelo seu patrimônio como condição para investir no seu banco.

É absurdo. Se você quisesse escalar o Everest, contrataria um guia que nunca tivesse chegado ao cume desse monte? Não seria mais inteligente procurar alguém que já tivesse alcançado o topo várias vezes e que soubesse exatamente como fazer isso?

Portanto, eu estou, sim, sugerindo que você dedique muita atenção e energia a aprender continuamente e, ao mesmo tempo, a escolher com cuidado a pessoa que lhe fornecerá conhecimentos e conselhos. Se você se instruir com quem não vai bem, sejam consultores, orientadores ou planejadores, a única coisa que irá aprender é como fracassar.

Da mesma forma como há caminhos para subir o Everest com êxito, existem rotas e estratégias comprovadas para criar rendimentos elevados, liberdade financeira e riqueza. Você tem que estar disposto a aprendê-las e a utilizá-las.

Como parte do método de administração de dinheiro da mente milionária, sugiro mais uma vez que você deposite 10% dos seus rendimentos na Conta da Instrução Financeira. Destine esse dinheiro especificamente a cursos, livros, fitas, CDs ou a qualquer outro meio que lhe permita se qualificar, seja no sistema educacional formal, seja em empresas conceituadas em treinamento e orientação pessoal.

Qualquer que seja a sua escolha, essa conta lhe garantirá os recursos necessários para aprender e crescer em vez de ficar repetindo o refrão das pessoas de mentalidade pobre: "Eu já sei." Quanto mais você aprender, mais ganhará. Pode acreditar.

DECLARAÇÃO

Eu me comprometo a aprender e crescer o tempo todo.
Eu tenho uma mente milionária!

AÇÃO DA MENTE MILIONÁRIA

Comprometa-se com o seu crescimento. Todo mês, leia pelo menos um livro ou participe de um curso ou seminário sobre dinheiro, negócios ou desenvolvimento pessoal. O seu conhecimento, a sua confiança e o seu sucesso agradecerão.

"E o que eu faço agora?"

E agora? O que você faz? Por onde começar?

Espero que você tenha gostado deste livro, porém, mais importante do que isso: desejo que use os princípios que aprendeu para melhorar espetacularmente a sua vida. A minha experiência diz, no entanto, que apenas ler não fará a diferença que você está buscando. Ler é um bom começo, mas, se você quer vencer no mundo real, são as suas ações que contam.

Na parte 1, apresentei o conceito de modelo de dinheiro. É simples: esse modelo determina o seu destino financeiro. Para começar a trocar o modelo que você tem por um que favoreça o seu sucesso financeiro, não deixe de realizar todos os exercícios sugeridos nos campos da programação verbal, do exemplo e dos episódios específicos. E faça também diariamente as declarações sugeridas.

Na parte 2, você aprendeu 17 modos de pensar que distinguem os ricos das pessoas de mentalidade pobre. Recomendo que guarde na memória cada um desses "arquivos de riqueza", repetindo todos os dias as declarações propostas. No fim, você se posicionará diante da vida e, sobretudo, diante do dinheiro de um modo totalmente diferente. A partir desse ponto, fará novas escolhas, tomará novas decisões e obterá novos resultados. Para acelerar o processo, não deixe de executar os exercícios práticos relacionados no fim de cada um dos arquivos de riqueza.

Esses exercícios de ação são obrigatórios. Para que a mudança seja permanente, ela deve ter uma base celular – a programação do seu cérebro tem que ser refeita. Portanto, você precisa colocar a teoria em prática. Não basta ler sobre ela, falar sobre ela e pensar sobre ela: é necessário praticá-la efetivamente.

Atente para a voz dentro da sua cabeça dizendo alguma coisa como: "Exercícios, exercícios – eu não preciso deles nem tenho tempo para isso." Observe quem está falando: é a sua mente condicionada. Lembre-se, o trabalho dela é mantê-lo exatamente onde você está, na sua zona de conforto. Ignore-a. Execute os exercícios de ação, faça as suas declarações e veja a sua vida decolar.

Sugiro também que você leia este livro do começo ao fim pelo menos uma vez por mês durante um ano inteiro. "O quê?", deve estar berrando a voz. "Eu já li tudo, por que tenho que fazer essa leitura tantas vezes?" Boa pergunta, e a resposta é simples: a repetição é a mãe do aprendizado. Volto a dizer: quanto mais você estudar este livro, mais rapidamente os seus conceitos se tornarão naturais e automáticos.

Como disse antes, eu aprendi a trilhar o caminho do sucesso, portanto agora é a minha vez de ajudar os outros. A minha missão é instruir as pessoas e inspirá-las a viver o seu "eu superior", que é baseado na coragem, no propósito e na alegria, e não no medo, na necessidade e na obrigação.

Sinto-me verdadeiramente abençoado por organizar seminários, cursos e outros programas que transformam a vida de muita gente de maneira rápida e permanente. Fico emocionado por já ter sido capaz de ajudar mais de 350 mil pessoas a se tornarem mais ricas e felizes.

A marca da verdadeira riqueza é determinada
por quanto a pessoa é capaz de dar.
– T. Harv Eker

Este livro ensina você a observar o seu modo de pensar e a desafiar os seus pensamentos, os seus hábitos e as suas ações limitadoras e prejudiciais com relação ao dinheiro. Começo falando a respeito do dinheiro porque ele é uma das maiores fontes de sofrimento na vida das pessoas. Mas também considero um quadro maior. Quando você passar a reconhecer o seu comportamento desfavorável em relação às finanças, essa consciência se transferirá a todas as áreas da sua vida.

O objetivo dos princípios que ensino é ajudá-lo a elevar o seu grau de consciência. Repito: consciência é observar os pensamentos e as ações para poder agir com base em escolhas verdadeiras feitas no presente, e não na programação passada. Trata-se, como já disse, do poder de reagir a partir do seu "eu superior". Dessa forma, você pode ser a melhor pessoa que é capaz de ser e assim cumprir o seu destino.

E sabe o que mais? A essência dessa transformação não diz respeito somente a você. Tem a ver com todo o nosso mundo, que não é mais do que o reflexo das pessoas que o constroem. Quando cada indivíduo aprimora o seu grau de consciência, a consciência de todo o planeta se eleva – passando do medo à coragem, do ódio ao amor e da escassez à prosperidade para todos.

Cabe, portanto, a cada um de nós, esclarecer a si próprio para poder acrescentar mais luz ao mundo.

Se você deseja que a Terra seja de determinada maneira, comece a ser dessa maneira. Se você quer que ela se transforme num lugar melhor, passe você mesmo a ser melhor. É por isso que eu acredito que é sua obrigação crescer até atingir o seu pleno potencial para criar abundância e sucesso na sua vida. Dessa forma, será capaz de ajudar os outros e contribuir para o mundo de um modo positivo.

Obrigado por dedicar o seu precioso tempo à leitura deste livro. Desejo a você um tremendo sucesso e a verdadeira felicidade.

T. Harv Eker

Agradecimentos

Escrever um livro parece ser um projeto individual, mas a verdade é que, quando se pretende que ele seja lido por milhares, quem sabe até milhões de pessoas, isso requer o trabalho de toda uma equipe. Em primeiro lugar, agradeço à minha mulher, Rochelle, à minha filha, Madison, e ao meu filho, Jesse. Obrigado por me proporcionarem o espaço necessário para realizar o que me propus a fazer. Também quero agradecer aos meus pais, Sam e Sara, assim como à minha irmã, Mary, e ao meu cunhado, Harvey, por seu amor e apoio ilimitados. Toda a minha gratidão ainda a Gail Balsillie, Michelle Burr, Shelley Wenus, Robert e Roxanne Riopel, Donna Fox, A. Cage, Jeff Fagin, Corey Kouwenberg, Kris Ebbeson e a toda a equipe da Peak Potentials Training por seu trabalho e dedicação à tarefa de dar uma contribuição positiva à vida das pessoas, além, é claro, de fazer da Peak Potentials uma das empresas de desenvolvimento pessoal que mais crescem em todo o mundo.

Obrigado ao meu brilhante agente editorial, Bonnie Solow, por seu permanente auxílio e incentivo e por me guiar pelos meandros da área editorial. Outro grande agradecimento à equipe da HarperBusiness: ao diretor Steve Hanselman, que teve a visão deste projeto e lhe dedicou tanto tempo e energia; ao meu maravilhoso editor, Herb Schaffner; ao diretor de marketing, Keith Pfeffer; e ao diretor de publicidade, Larry Hughes. Agradeço especialmente aos meus colegas Jack Canfield, Robert G. Allen e Mark Victor Hansen por sua amizade e permanente apoio desde o começo do projeto.

Finalmente, sou profundamente grato a todos os participantes dos meus seminários, ao pessoal de apoio e aos parceiros da Peak Potentials. Sem vocês, não haveria seminários de mudança de vida.

INFORMAÇÕES SOBRE OS PRÓXIMOS LANÇAMENTOS

Para saber mais sobre os títulos e autores
da EDITORA SEXTANTE,
visite o site www.sextante.com.br
ou siga @sextante no Twitter.
Além de informações sobre os próximos lançamentos,
você terá acesso a conteúdos exclusivos e poderá participar
de promoções e sorteios.

Se quiser receber informações por e-mail,
basta cadastrar-se diretamente no nosso site.

Para enviar seus comentários sobre este livro,
escreva para atendimento@esextante.com.br
ou mande uma mensagem para @sextante no Twitter.

EDITORA SEXTANTE
Rua Voluntários da Pátria, 45 / 1.404 – Botafogo
Rio de Janeiro – RJ – 22270-000 – Brasil
Telefone: (21) 2538-4100 – Fax: (21) 2286-9244
E-mail: atendimento@esextante.com.br